和谐校园文化建设读本

中小学大型集体活动的设计与组织

李 鑫/编著

吉林出版集团股份有限公司

吉林教育出版社

图书在版编目（CIP）数据

中小学大型集体活动的设计与组织／李鑫编著. ——
长春：吉林教育出版社，2012.6（2022.10重印）
（和谐校园文化建设读本）
ISBN 978 - 7 - 5383 - 8822 - 0

Ⅰ.①中… Ⅱ.①李… Ⅲ.①活动课程—课程设计—
中小学 Ⅳ.①G632.3

中国版本图书馆 CIP 数据核字（2012）第 118116 号

中小学大型集体活动的设计与组织
ZHONG-XIAOXUE DAXING JITI HUODONG DE SHEJI YU ZUZHI　　　　　　李　鑫　编著

策划编辑	刘　军　　潘宏竹		
责任编辑	刘桂琴	**装帧设计**	王洪义
出版	吉林出版集团股份有限公司（长春市福祉大路5788号　邮编 130118）		
	吉林教育出版社（长春市同志街1991号　邮编　130021）		
发行	吉林教育出版社		
印刷	北京一鑫印务有限责任公司		
开本	710毫米×1000毫米　1/16　　**印张**　11　　**字数**　140千字		
版次	2012年6月第1版　　**印次**　2022年10月第2次印刷		
书号	ISBN 978 - 7 - 5383 - 8822 - 0		
定价	39.80元		

编　委　会

主　　编：王世斌

执行主编：王保华

编委会成员：尹英俊　尹曾花　付晓霞
　　　　　　刘　军　刘桂琴　刘　静
　　　　　　张　瑜　庞　博　姜　磊
　　　　　　潘宏竹
　　　　　　（按姓氏笔画排序）

总序

千秋基业，教育为本；源浚流畅，本固枝荣。

什么是校园文化？所谓"文化"是人类所创造的精神财富的总和，如文学、艺术、教育、科学等。而"校园文化"是人类所创造的一切精神财富在校园中的集中体现。"和谐校园文化建设"，贵在和谐，重在建设。

建设和谐的校园文化，就是要改变僵化死板的教学模式，要引导学生走出教室，走进自然，了解社会，感悟人生，逐步读懂人生、自然、社会这三本大书。

深化教育改革，加快教育发展，构建和谐校园文化，"路漫漫其修远兮"，奋斗正未有穷期。和谐校园文化建设的研究课题重大，意义重要，内涵丰富，是教育工作的一个永恒主题。和谐校园文化建设的实施方向正确，重点突出，是教育思想的根本转变和教育运行机制的全面更新。

我们出版的这套《和谐校园文化建设读本》，既有理论上的阐释，又有实践中的总结；既有学科领域的有益探索，又有教学管理方面的经验提炼；既有声情并茂的童年感悟；又有惟妙惟肖的机智幽默；既有古代哲人的至理名言，又有现代大师的谆谆教诲；既有自然科学各个领域的有趣知识；又有社会科学各个方面的启迪与感悟。笔触所及，涵盖了家庭教育、学校教育和社会教育的各个侧面以及教育教学工作的各个环节，全书立意深邃，观念新异，内容翔实，切合实际。

我们深信：广大中小学师生经过不平凡的奋斗历程，必将沐浴着时代的春风，吸吮着改革的甘露，认真地总结过去，正确地审视现在，科学地规划未来，以崭新的姿态向和谐校园文化建设的更高目标迈进。

让和谐校园文化之花灿然怒放！

本书编委会

目 录

第一章　班级与集体活动概述

第一节　班级活动的含义

班级活动是在班主任的指导下，根据国家课程目标和学校培养目标，有目的、有计划地为实现班级教育目标而举行的各种教育、教学实践活动。开展班级活动有利于培养学生良好的品德，发展个性特长，锻炼意志品质，培养行为习惯。它与学科教学的主要区别在于：虽然班级活动与学科教学的总目标一致，但是，学科教学侧重于使学生获得大量的间接经验，提高学科基础理论知识水平和应用能力，形成学科素养；而班级活动侧重于使学生通过亲身的实践和体验，获得大量的直接经验，掌握学习方法，形成世界观和人生观，不断完善个性、健全人格。

第二节　班级活动的意义

每一个学生的成长，每一个班集体的组织与建设都不是在静止的状态中进行和完成的，而是在活动的状态下进行和完成的。学生的成长面临着两个世界：知识的世界和生活的世界。知识的世界引导学生获得知识、开启智慧、拓展心智视野；生活世界启迪、培养学生的生活感受力，增进、丰富个人的生活体验。知识世界与生活世界相融合，才能培养完整的人。可以说，班级活动把知识世界与生活世界联系了起来，作为班主任，需要从知识世界出发，引导每一个学生面对生活世界，体验生活，发展个性、舒展自我,成为真正意义上的人。所以说,做好班级活动的设计与组织对学生个人的成长、班级良好人际关系的建立、班集体的形成都有着重要的意义。

一、有利于学生的个人成长

每个学生都有自己的长处,或者说与众不同的地方。对于一双有着教育智慧的眼睛来说,应该赋予这与众不同的地方以特殊的教育蕴意。对于日常的教育教学工作来说,我们的教育就是要发挥每个学生的长处,让其长处得到最大的发展,让每个学生达到自己的最高峰,尤其对于班主任来说,更要创造一切机会让学生的长处得到充分的发展。班主任得天独厚的条件就是可以组织和设计各种各样的班级活动。

设计与组织良好的活动能为学生创造展现自己、发挥特长的条件,让了解自己才华的学生在众人面前尽情展现,发展自己,为不了解自己才华的学生提供认识自己、发现自己的机会。就如同深藏在地下的金子,不通过勘探挖掘就谈不上提炼。所以说班级活动的设计与组织对学生个人的成长有着重要的意义。

二、有利于班级良好的人际关系的建立

班级是学生发展成为社会人的重要环境。优秀班主任魏书生老师说过:班级像一个小社会,社会上有什么,一个班级便可能有什么。学生们走出家庭,通过在这个小社会实习,才具有了一定的适应大社会的能力。个体要生存发展,必须首先适应社会,实现个体的社会化。一个良好的班级,作为一个小社会,对学生个体社会化起着重要的促进作用,班级活动会为学生提供提高"做事"能力,学习"做人"之道,获得"价值"启蒙的场所和机会,推动个体社会化的日趋成熟,为以后适应真正的社会生活打下基础。良好的班级生活,丰富多彩的班级活动还会促进学生个体不同能力、不同兴趣爱好的发展;同时,各种形式的人际交往能够促进

学生自我意识的发展和健康个性品质的形成,从而形成个体的独特个性。有经验的老师都有这样的体会:在缺少活动的班级里,人与人之间的关系往往比较疏远,而每一次成功的班级活动之后,生生之间,师生之间的关系都会更加亲密。活动中师生间、生生间进行着激烈的交流碰撞,在这一过程中,无处不在、无时不有的是信息的传递、加工、储存、反馈,这些信息承载着师生多方面特征,展示着丰富的个人品格,增进大家的认识和了解,为良好的人际关系奠定了坚实基础。

对于班主任来说,改善班级中人际关系的办法就是设计与组织丰富多彩的班级活动,让生生之间、师生之间加深理解,营造良好的班级人际关系。

三、有利于班集体的形成

班集体是一种教育集体。它是建立在各个学生的个性积极发挥的基础上,但又不是每个学生个性特征的简单综合。班集体的内涵正如前苏联著名教育家苏霍姆林斯基在阐述集体概念时所认为的那样:1.它不光是组织上的统一体,还是由在需要、兴趣、智力、思想、道德、社交、创造力、审美等方面既有共性又有个性的人们所组成的精神上的统一体;2.它意味着成员各有个性,缺乏其成员的鲜明个性就谈不上集体。如果一个集体里找不到思想丰富、各有爱好的不同类型的人,这个集体就没有吸引力。

班集体形成和发展的始终都是与丰富多彩的活动密切相关的。可以这样说:没有活动就没有集体,集体是在活动中形成、发展的。

实践表明,班主任积极有效地组织学生开展丰富多彩的集体活动,在活动中不断增强每个集体成员的群体意识和集体荣誉感,是班集体建设成功的重要条件之一。一个健康发展的班集体是一种巨大的教育力量,能为学生个性发展提供参照的群体。

世界也许很小很小,心的领域却很大很大。班主任是在广阔的心灵世界中播种耕耘的职业,这一职业应该是神圣的。愿我们以神圣的态度,在这神圣的岗位上,把属于我们的那片园地,管理得天清日朗,以使我们无愧于自己的学生,以使我们的学生无愧于生命长河中的这段历史。

第三节 班级活动的特点

一、综合性

知识可以从书本中采摘和学到,技能可以在训练中熟悉和掌握,而相互的团结与协作则是一个过程、一种状态,是在不断学习、感受、探索和熏陶的过程中流淌在心底的一股清泉。无论班级活动的形式、内容如何变化,它们的目的是统一的,即为了加强班集体建设,促进学生德、智、体、美、劳全面发展,培养他们的创造精神和独立工作能力,使他们成为社会主义的有用之才。由此可见,任何一个班级活动对学生素质的培养都是综合性的。

比如,在"布置教室,美化我们共同的家"的活动中,班主任先调动学生参与活动的积极性:"我们的教室是我们共同的家,令它美丽温馨是我们共同的责任。这次的班级布置任务交给同学们,你们有信心完成吗?"然后集体讨论决定布置的要求,预期用途;各小组根据自己的特长、爱好展开版面招标;接着就可分几个阶段进行布置,要保证在一定时间内完成;所需材料均需自主解决,尽量少花钱,提倡手工制作,废物利用;内容不限,作业、作品、剪报、手抄报、手工制作等等都可以,但每个板块都有一个统一的风格;资料可向全体同学征集;提倡小组间的互助合作。最后评比验收。先由小组介绍,互评,提出修整意见;版面进一步修整之后,邀请老师或学校少先队组织成员参观、点评。

可以发现,该活动的内容、活动的全过程、活动的教育力量成为了一个系统,整体的教育思想指导着整个教育活动。该活动不仅树立了学生的集体主义观,培养了他们的主人翁意识,而且充分发挥了学生的聪明才智,通过互评与自我反思,认识到自己的长处与短处,从而确定奋斗的目标,并为之而努力,还可以促使学生之间加强交流,培养团结协作精神,树立自信心……最终实现教育目标,达到学生身心综合发展的最高境界。

二、全体性

(一)班级活动的目标面向全体学生

由于种种原因,小学生的各方面素质总是存在着个性上的差异,在开展班级活动时,我们应该关注这一差异,但活动的目标必须从整体出发。班级活动的目标可以侧重于学生某一个方面的素质的培养,但不能因此忽略了其他方面素质的培养。

因此,在班级活动开展之前,组织者必须从学生的需要出发,联系当前的社会背景,制订活动计划,有切实可行的活动方案,最终使全体学生的各方面素质得到相应的发展。

(二)班级活动的组织面向全体学生

班级活动是在班主任的指导下,由部分同学领导开展的,但它不是个别人的活动,而是班级全体学生共同参与的活动。所以,我们需要发挥集体中每个学生的积极性、能动性,要求每个学生不能认为班级活动的组织是班主任和部分学生的事,而应该把它当成自己的事,真正把自己看成班级的一员。

另外,班主任与学生为了共同的目标,要有同舟共济的气概,要有"班荣我荣,班耻我耻"的意识和观念。这就是说,在班级活动的组织中,班主任和学生是一个整体,不应该把他们割裂开来。

（三）班级活动的评价面向全体学生

班级活动是否能实现活动的预期效果,是班级活动评价的一个重点,但不是唯一依据。我们更要关注班级活动的整个过程,全面分析班级中全体学生是否通过该活动,在各方面素质上得到一定的发展,注重个案调查,也要注重整体观察。

随着信息的多元化和学生活动的多样化,班主任已不可能完全了解学生的情况。因此,班级活动的评价要交给参与该活动的所有人员,班主任成为活动评价的协商者。只有这样,才有可能使评价趋于合理。

班级活动的目标、组织、评价决定了班级活动对学生素质的培养要面向全体。全体人员共同参与、发展了,班级活动才可谓成功。因此,在实际操作中,我们要避免犯"只见树木,不见森林"的错误。

三、阶段性

人的成长是一个持续不断的发展过程,在总的发展过程中,不同年龄阶段表现出不同的特征。年轻一代身心发展的阶段性势必要求我们必须对不同年龄阶段的学生制定不同的教育目标,组织不同的教育内容和采取不同的教育教学方法。再者,素质教育是一个纵向的系统工程。小学生素质培养的过程显现出渐进的、连续的状态。实施素质教育必须要有整体观念,防止把不同阶段、不同学年段割裂开来。

这就要求班级活动在内容安排上要前后衔接,浑然一体,既有连续性,又有阶段性;这就要求班主任得根据形势需要、学校安排和学生年级特点,对每个学期或学年的活动进行全面的考虑和筹划,并有长远计划,把活动计划纳入班级工作的整体计划之中;在举行每一次班级活动之前,精心设计活动方案,以保证活动顺利进行,收到好的效果。

班级活动的阶段性还体现在班级活动的目的应有的放矢,要适宜,即一次活动要达到什么目的不要定得太多，1—2个即可；主题集中，即一次确定一个主题，力图给学生留下深刻的印象；过程简洁，即班会的程序要清楚、明了，场面不宜过大，容量以一课时为宜；活动的选材、形式应依据学生的年龄特征与知识水平来安排。这就要求班主任应重视调查研究，摸清学生的思想状况；把握学生的特点，并以此来选择活动的内容和形式，使班级活动既不落俗套、走过场，又不是"变相补课"，而是充满生机，学生乐意参加。一般说来，年龄越小的学生，活动的形式要相对活泼一些，生动一些，动的多一些。而对高年级学生，有时活动的形式就可采用比较静的方式了，留给学生更多思考、感悟的空间。

我们会发现，小学六个学年安排的班级活动在内容上经常出现类似，甚至相同的情况，很多班主任因此担心学生会失去兴趣。其实不然，只要教师考虑到班级活动对小学生素质的培养是阶段性的，根据学生年龄的差异而产生的个性心理品质，采用合适的活动形式，在活动的目标上向深度与广度发展，必然会受到学生欢迎。

第四节　班级活动的选择

组织班集体活动，常常有一个明确的主题。但以哪些具体内容、以什么样的具体形式来表现这个主题，进行针对性的教育，班主任则常常面临选择。在选择的过程中，需要注意这样几点：

一、充分调动学生的思维

俗话说得好："三个臭皮匠，赛过诸葛亮"，一个人才智再出众，也顶不上群策群力。因而，在选择班集体活动的内容或形式时，应充分调动学生的思维，收集"点子"。一个班几十名学生，且其中不乏见多识广的小能人，调动集体的智慧去组织活动，既能迅速作出选择，又能考虑得全面、周到。

二、充分尊重学生的意愿

一些主题范畴较广、内容形式较灵活的班集体活动的选择,可以充分尊重学生的意愿,允许学生选择自己较擅长或较感兴趣的活动内容和方式。如组织"学雷锋"活动,表现这个主题的内容和形式很多,就可以不一定进行统一组织,而给学生以选择的机会。学生们能根据自己对雷锋精神的理解,选择适合自己的内容和方式。一些娱乐性较强的班集体活动,也可以充分尊重学生的意愿,给他们选择的权利,满足他们的意愿。充分尊重学生的意愿,让学生参与班集体活动内容和方式的选择,既有助于充分发动学生参加活动的积极性、主动性,又有助于培养学生的组织活动能力。

三、充分展现本班的特长

在选择班集体活动的内容和方式时,要充分展现本班的特长。一般地说,每个班都有各自的"风气",同学之间的爱好、情趣等常常相互影响。经过较长的一段时间后,某个相对集中的爱好才能得到发展,便形成了一个班的特长。如有的班级有名学生从小练过舞蹈,跳得很美,而且能自编自舞,使其他学生羡慕不已。有了文艺演出的契机后,她就编舞帮同学排练,这样拉出了班级的一支"舞蹈队",使一个班形成了特长。班集体活动充分展现本班的特长,实际上也是有意培养特长。每个学生都很重视班集体活动,一旦有了在班集体活动中展现自己的机会,一定全力以赴地准备,力图展示自己的最高水平。在这个准备的过程中,这些有特长的同学便再一次得到了锻炼。选择能展现本班特长的班集体活动内容和形式,有利于培养学生的自信心和集体荣誉感、自豪感。班集体活动不是封闭的,往往会有对外"开放"或作为"公开观摩"的情况。班级与班级,尤其是平行班级之间,学生会有意无意地进行比较。如果班集体活动没能展现本班特长,在比较中便容易失去优势,从而使本班学生自惭形秽,产生自卑感。反之,如班集体活动通过适宜的内容和形式展现了本班特长,则会令本班学生产生自豪感,增强班级荣誉感和自信心。可见,在班集体活动内容和形式的选择过程中,注意展现本班的特长非常重要。

第五节　我国班级活动的概况

通过积极向国外发达国家学习,努力探索教育发展的基本规律,班级活动已在我国的现行教育中占据十分重要的地位,其作用早已被充分肯定,在新世纪伊始的基础教育课程改革中,通过政府文件明确提出的综合实践活动的要求,赋予班级活动十分重要的意义。

一、我国的课外活动

一般地说,我国的中小学课外活动主要来源于学生的兴趣、需要、爱好、特长,社会现实生活和学科知识等方面,内容主要包括:1. 观察自然事物和现象,了解科学常识,如观察风、水、雨、雪、雷、电、植物、动物等等;2. 分析地方的历史;3. 了解社会的各种事务,参与社会中的具体事务活动,如组织学生进行社会交往的活动、经济管理活动等;4. 开展科学的小实验,培养研究意识、发现能力;5. 一些培养实际操作和动手能力的活动,如学校里的儿童家政活动,各种手工制作活动等;6. 培养美术、音乐、体育兴趣和特长的各种活动;7. 认识、接纳自我的活动;8. 尊重他人,同他人和平共处的活动等。在这些活动中,一些可以固定在某一时段中持续进行,一些会视教学需要随时设计;一些以主题系列进行,有些则单独进行;有些小组合作进行,有些集体完成;有些可在校内进行,有些则在家庭中或社区里进行;有些是按内容系列进行的,有些是按时间顺序进行的,等等。

二、我国的一些综合实践活动

随着科学技术的迅猛发展,知识体系在不断出现新的分化和综合的趋势。为了解决有限的学习时间和知识数量的无限增加间的矛盾,"综合学习"这种模式已经越来越受到广泛关注。"综合学习"的提倡,不仅对于学科知识学习,且对于班级活动的经验、体验学习的深化,也起到了十分好的促进作用。

综合实践活动,是在教师的引导下进行的一种批判性、反思性、研究性的学生自主的实践活动。综合实践活动是与以知识信息的接受为主的学习活动具有本质区别的,主要强调学生在做中学,通过社会参与性学习、课题研究性学习、体验性学习和实践性学习,用以改变学生在教育中的生活方式、存在方式。因此,综合实践活动具有实践性、开放性、综合性、生成性、自主性等特点。目标在于帮助学生发展以探究能力为核心的一般思维能力,形成一种综合实践能力,增强社会责任感,以及培养良好的情感态度。综合实践活动的类型一般主要有以下几种:

(一)研究性的关于课题探究的学习活动

研究性的关于课题探究的学习活动,即模仿遵循科学研究的一般过程,选择一定的课题,通过调查、测量、文献资料搜集等一些手段。收集大量的研究资料、事实资料,运用实验和实证等研究方法,对课题进行研究,并解决问题,撰写研究报告和论文。研究课题的选择和确定,通常是要反映学生的生活背景、自身兴趣、特定的文化传统、自然资源状况等等。

(二)设计性的关于实际应用的学习活动

设计性的关于实际应用的学习活动,要求学生在综合运用所学的各科知识技能的基础上,进行解决问题的实际操作。主要包括设计一种产品和一项服务,并创造出具体的实施方法,如对学校的草坪进行设计、设计一个雕塑的具体方案、设计班级的形象宣传画、设计一套校服、设计一个学校班级的管理系统等等;改进某一系统,排除其障碍;计划组织一项活动,对活动所需的各方面因素进行整体规划和设计,如设计对政府官员的访问和采访活动。设计学习,它更加强调操作性、针对性,更加注重让学生获得解决实际问题的技能。

(三)体验性的以社会考察为主的学习活动

此类活动是以丰富学生的生活积累、社会阅历、文化积累为目标的。考察、访问、参观是体验性学习的基本活动方式之一。社会考察、访问、参观的内容,大多会涉及本地区的历史和文化遗产、现实的社会生活、生产方式等等。

(四)社会参与的实践性的学习活动

社会参与的实践性的学习活动,要求学生要参与到一般的社会实践活动领域之中去,成为某一社会活动中的一员,并进行实际的生产活动。社会参与的实践性学习的根本特征是:学生亲身参与到社会实践活动中去。社会参与的实践性学习,有利于使学生通过一般性的实践,获得对他人和社会的价值实现感。社会参与的实践性的学习活动方式一般包括:公益活动、社区服务活动、生产劳动三种。

中国的综合实践活动,大多是基本上保证每周3个小时的活动时间,围绕学生与他人的关系、学生与自然的关系,以及学生与自我的关系三条线索开展,充分体现了学生对班级活动价值的认识,以及对主体价值的认识。

第六节　班级活动的发展愿景

班级活动是学生学习"待人"之道,提高"处事"能力,获得"思想"启蒙的场所和机会,能为儿童步入社会打下良好而坚实的基础。丰富多彩的活动,积极向上的班风,情趣盎然的学习氛围,励精图治的班级精神,这些都为学生兴趣爱好的养成和能力的提高搭建了舞台。正是在班级活动中,学生的自我意识才得以觉醒,集体意识才得以发展,文化素质才得以提高,个性品质才得以形成。过去,因遵循苏联马卡连柯的集体主义教育思想,有关班级活动的设计与组织忽视了学生个性才能的多方面发展,如今,这些已经落后于时代的要求。

一、班级活动的设计与组织的不同理念

对于"个体"这个词汇,词典上的解释是"单个的人或生物"。与"个体"关系最直接的词一个是"个人"(跟"集体"相对;自称,我);另一个是"个性"(在一定的社会条件和教育影响下形成的一个人的比较固定的特性)。在崇尚集体的东方文化中,一般认为,一切个性都是有条件的、暂时的,所以,也是相对的。在崇尚个体的西方文化中,则认为个体是永恒绝对的、无条件的。对人的理解,正是班级活动设计与组织的起点。

在教育条件之下,孩子首先是作为个体存在的。新生自报到的第一天起就已经成为集体的一员,鲜活、富有个性。这是班级活动把一个个独立的"圆环"套到了一起,将其变成"同心圆"。

班级,是从教学的角度设立的组织,是与"个别教学"相对的,是把年龄和知识水平相近的、有共同学习任务的学生编制成固定人数的集体。形成之初,班级还是个结构松散的"结合体",孩子们在其中尽情地展现着自己的个性,憧憬着美好的未来,放飞着远大的理想。他们的背后是家长们热切的目光、社会殷殷的期望。此时的班级活动的设计,主要是围绕学生适应环境展开的,组织难度很大,特点主要表现在以下三个方面:

1. 在松散的班级氛围、相对自由的空气中,学生身上的"田野气息"

得以展现；

2. 在新颖的学习环境里，学生的自然秉性逐渐开始向组织状态的社会性转化；

3. 在充满智慧的校园文化中，学生理性的幼芽萌生出了一抹新绿，生活习惯开始向新的组织规范靠拢。这种以松散的"结合体"形态为特征的班级活动的设计与组织都透射出"原始民主"的理念，以图 1－1 示之。

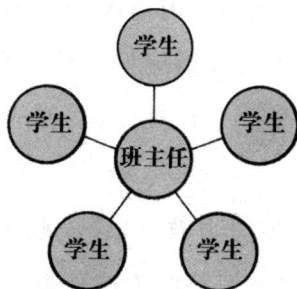

图 1－1 "原始民主"理念的班级活动设计与组织

随着学生对新规范的逐步认同，班级由组织松散的"结合体"变成了严密的"聚合体"。这时，班级成员则围绕着班主任，主要以学习成绩为标尺，分化为"干部"和"群众"，以纪律约束为首的班级规范，则发挥着愈加重要的作用。

此时的班级活动的设计与组织，是紧扣学校教育教学计划的，呈现出以下的特点：首先，有利于班级成员集体意识的形成、班级荣誉感的产生，是学生个体社会化的重要机制；其次，有利于班级的政令畅通、上情下达、组织管理；最后，有利于将集体的力量发挥到极致，实现个人所不能实现的目标。

但是，这种设计与组织形态，却往往导致了管理者的集权化和专断制的产生,导致了同学间的等级制、阶层制的出现,损害了教育的公平公正性;个人的积极性被挫伤了,个性被湮没了。但是,出于"趋利避害"的本能,人们普遍不想放弃既得的利益,因此就容易产生小利益集团,导致"集体的自私",造成领导核心的绝对权威,形成了最终的家长制。这种"训练儿童温顺和服从,小心地完成被强迫去做工作的传统教育形式,是适合于一个专制社会的"。

在这种活动中,由于没有个体的自由空间,必将使活动失去应有的活力。它的特点,决定了自身的适用范围的有限性、适用时间的短暂性。但是,现有的班级活动,却令人遗憾地将这种组织形态视为常规,结果就导致了校园内司空见惯的学生个性被压抑、创造性泯灭、师生关系紧张、教师专横跋扈等现象。

正像杜威所说的:"很多势力教育,让一些人成为主人,却教育另一些人成为奴隶。"殊不知,这一切都源于这种不合理的组织结构。这种组织严密的"聚合体"式的班级活动折射着"酋长专制"的理念,以图1—2示之。

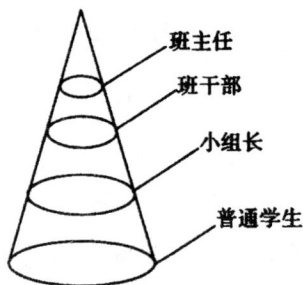

图1—2 "酋长专制"理念的班级活动设计与组织

班级活动的设计与组织远不能止步于组织严密的"聚合体"阶段,而应走向"多元一体"的"共同体"。在社会学的角度看来,"共同体"要求成员以缴税的方式拿出一小部分利益交给管理者,形成社会契约以保证个人利益的最大化。在班级活动中,成员既有共同的目标和必须共同遵守的纪律和规则,又有相对自由的属于个体的发展空间。这有利于个人积极性的发挥,有利于民主观念的养成,利益一致、分工明确、责权清晰。这种理念指导下的活动形式易于形成稳定和谐的群体秩序,有利于"共同体"成员利益目标的进一步实现。

以"共同体"为理念的班级活动具有几大特点:首先,它是尊重"差异"的共同体活动。其次,它是多元多层的共同体活动。成员间共享关爱、知识、伦理,而不仅仅是学习的对手、生活的伙伴。最后,又是与时俱进、不断充实完善的共同体活动。在这种活动中成长,既有利于学生个性魅力的展示、人格品质的提升,又有利于学生合作精神的培养、集体意识的形成。

这种走向"共同体"的班级活动的设计与组织,体现了"现代民主"的理念,以图1-3示之。

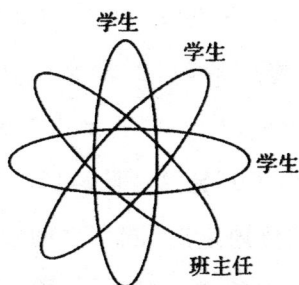

图1-3 "现代民主"理念的班级活动设计与组织

二、班级活动发展的不同阶段

班级活动的设计与组织的两种理念既有联系,又有区别,主要表现在班级活动不同的发展阶段。班级活动的形成与发展是个复杂的过程,把握和了解其规律和特点,对于促进班级建设和实现学生全面发展都具有重要的理论和实践意义。一般说来,与两种理念相对应的班级活动的形成与发展可分为以下几个阶段。

（一）"原始民主"理念——班级活动的初创阶段

新学年之初，为了共同的目标，数十个来自不同背景的学生集聚一堂，陌生的老师和同学、浓厚的好奇心、强烈的新鲜感使学生们对即将开始的新生活充满了无限的憧憬。学生们带着自己的想法坐在同一个班里，等待着集体生活的开始。这时，班主任的出现使松散的群体有了"头儿"，在自我介绍之后，他（她）开始履行职责，发号施令，组织班委，任命干部，分配布置学习工作，督促学生行动，这是班级活动的初始时期。学生开始由过去的生活方式向新的方式进行转变。有经验的班主任在抓紧时间对学生进行全面的了解并培养积极分子的同时，也在和大家一起学习学校的规章制度，指导学生开展各项活动，增进彼此的了解，提高班级的吸引力，为下一步的班集体建设做好准备。在这个阶段，占主导地位的班级氛围是"原始民主"。

（二）"酋长专制"理念——班级活动的发展阶段

从班主任的"专治"（专门治理）到班委会的组织管理，是这一阶段的主要特点，"家长制（班主任是'家园'里天然的家长）"或"家族制（班主任及其'亲信'组成的领导班子）"是这一阶段的产物。

一般情况下，在开学数周之后，同学之间逐渐熟悉，个性不断开始显露，各种能力随之展现。随着交往活动的深入开展，同学之间的友情开始形成，具有"领袖才能"的人开始脱颖而出，受到大家瞩目，班级的骨干力量日趋明显，并成为中坚力量。班主任征求大家的意见将具有指挥才能、热心为集体服务的学生选入班委会，组成班集体的领导核心。班集体这个"舰队"开始起航了。此时的班级活动的设计与组织，主要是为了增强班级的凝聚力，形成良好的班风，将班级的奋斗目标、行为规范内化为学生自愿自觉的行为动机。

（三）"现代民主"理念——班级活动的高级阶段

这个时期的班主任在设计与组织班级活动时，逐步从直接指挥班级活动的状态中解脱出来，主要是放手去发动群众，创建民主机制，鼓励学生们积极地关心班级，踊跃参加班级组织的各项活动，实行"执政"、"在野"、"两班制"的施政和监督管理机制，通过"竞选""上台"的班委会组织设计班级活动，使他们明白自己是民主选举胜出的代表，与全班同学一起修订班规，调整政策，维护集体的利益，尽自己最大的热情才干为同学们服务。此时，班主任的作用，也开始从台前转到幕后，从直接过渡到间接，最后，形成了民主的班级管理体制，真正实现了"管是为了不管"、"育是为了不育"的目的。

走向"共同体"的班级活动的设计与组织的特征主要有以下几点：第一，民主意识的形成。要使班级成员明了自己的事情要自己做主，集体的事情要大家做主，民主的机制要从班级活动创立，民主的理念要落实在每个学生的身上。第二，共同体的价值导向。为共同体中的每一个成员设计个性发展的美好蓝图，在共同体目标的旗帜下，为成员预留最大的自由发展空间，使每个成员都能在共同体中看到自己的人生坐标，真正体验到自己的实际价值。第三，让每个同学在班级活动中都能找到自己的位置，开拓自己的视野和领域，扮演自己喜欢的角色，实现自己心中的梦想。第四，在充分酝酿和讨论的基础上，将班级共同体活动的目标、规范、价值标准化为每个成员的行动指南，让他们在共同体期望的基础上，对自己提出自我教育的内容标准，自觉自愿地去严格执行到底。第五，创建班级的民主氛围，激发每个同学的上进动机，为大家提供展现自我的舞台，使他们的梦想有实现的可能。

总之，班级共同体活动的设计与组织，是班级活动发展的高级阶段。在这个阶段中，班主任的作用逐渐由核心位置移到了边沿。班主任的存在,也由主宰、主导地位,到最后成为了班级共同体活动中的普通一员,名副其实地为同学们服务。通过这种形式的班级活动,班级的民主制度得以创立和形成,学生成"人"的基础得以奠定,一个人人参与、人人实干、人人负责的良好班级就建成了。

三、什么是所谓的"共同体"的班级活动

"共同体"的班级活动,意味着"构筑有助于民主主义发展与实践的文化的共同体","在异质人们的共同体相互交流的空间里"寻求建设的基础。无论是从形式到内容,还是从理念到实践,这一共同体活动都跟前两个阶段截然不同。既有第一阶段中向学生的自然天性复归的一种趋势,又有对第二个阶段中所谓的集体优势的超越提升。

这一班级活动的作用主要有以下几个方面:

(一)促进学生的道德判断

这是共同体的班级活动的主要目标,它主要是要求学校建立积极的道德环境,培养学生关于公正、集体、秩序等方面的观念。学校和班级的道德环境是道德教育的关键,共同体的班级活动,是向学生提供承担各种角色的机会,以激发学生对民主和集体的向往和理解。

(二)通过民主参与来培养学生的集体感

若想达到教育的目的,就必须提倡学生积极地参与民主。民主参与是集体意识的主要表现,能给学生提供更多承担角色的机会,以及较高的道德判断水准,通过民主决定来公正地解决实际问题,促进学生的道德行为发展。

共同体的班级活动建立了一种民主参与制度,进而来解决班级的实际问题,要求同学之间彼此关心,具有集体责任感。这种活动,是有利于学生公民意识的发展的。"教育不仅具有传播民主政治的功能,又具有创造民主政治的功能。"班级活动既是民主的"实验田",又是民主的"播

种机"。民主参与是达到教育目的的最有效的一种手段,只有能够独立做出有实际意义的决定的学生,才能真正感觉到自己是学校的主人翁。

(三)实现道德责任

共同体的班级活动对学生现实生活的行为要求更为严格,通过赋予学生一种集体的民主权利意识,进而加强他们的道德责任感,使他们力图达到行使权力、履行义务的统一。共同体的班级活动,努力创造条件来实现学生的道德责任。学生有责任维护自己达成的规则、纪律,有责任从集体利益的角度对现实生活中的问题,做出判断并躬行践履。实践证明,共同体的班级活动中的学生,大多愿意以"我们"的思维模式去考虑集体事务及其规章制度,对班级,乃至学校的集体利益表现出更大的责任感。

公正团体法是美国道德教育家柯尔伯格于 20 世纪 70 年代在实验基础上提出来的,是一种班级活动设计、组织的形式。这个形式也是笔者所探究的共同体的班级活动的最好注脚。其内容是通过学生、老师的民主参与活动,创造出一种公正的集体氛围,以促进成员的个性发展。组织结构与任务见表 1—4。

表 1—4 公正团体活动的组织结构与任务

机　　构	成　　员	任　　务
议事委员会	8～10 名学生 1～2 名教师	选择问题,制定议事规程
顾问小组	1 名教师 8～10 名学生	让大家积极发言,就议事委员会制定的道德问题开展讨论
集体会议	全体师生	讨论解决问题,制定规则,上诉违纪事件
纪律委员会	5～7 名学生 1～2 名教师	听取违纪事件和人际非礼问题,进而决定奖惩,促进人际理解

共同体的班级活动的人数一般在 30～50 人之间,再加上 4～5 名该班的任课教师(含班主任)。主要活动是每周一次的集体会议,时间约为两节课,内容主要包括制定有关的规则纪律,计划集体活动和政策,处理违纪事件。核心思想是民主参与、民主决策。无论是教师还是学生都对问题的表决投出自己的一票。对会议要涉及的问题,顾问小组也要先进行审议,杜绝权威、官僚主义的解决方式。一般情况下,纪律委员会主要是劝告、引导违纪者今后要遵守纪律,在确认合适的情况下才能给予惩罚。如果谁对惩罚有不服之处,可以向更高的集体会议申诉。基于“共享关爱、共享活动、共享知识、共享伦理”的社会行为(social action)的这种行为的沟通,正是催生“共同体”、“民主主义”的基础。在具体的操作过程中,公正团体的方案可以根据具体情况有所变动,但根本目标是培养学生的民主参与意识、集体荣誉感。

共同体的班级活动的突出特征,是建立一种基于个体自由的民主制度。这不仅是教育公正的需要,而且是成员共同利益的诉求。

毋庸讳言,国内外学校共同体的班级活动的设计与组织中,也的确出现过一些问题,最突出的莫过于“多数人的暴政”、“掌握在少数人手中的真理无法实现”。目前,这些问题虽然能通过“纪检委”的作用和“轮流坐庄”的制度得以缓解弥补,但在学生身心发展和班级民主建设中,深层次的问题还需要进一步的探讨研究,这正是班级活动设计组织形式向更高阶段发展的动力。即便民主真的不是最好的,但是民主会避免最坏的情况发生。

无论是学生身心发展之需,还是学校教育目标的实现,乃至大到国家民主制度的创立,都在呼唤共同体的班级活动的设计与组织。以民主为核心价值的共同体的班级活动的设计与组织需要达成一个共识,那就是:民主要从娃娃抓起,民主制度的建设任重而道远,真正的民主,恰恰是人的自由的保障、本质的体现。

第二章 集体活动的设计与组织原则

第一节 个性化原则

需要先说明的是,强调班级活动设计组织的个性化原则,并不是意味着要漠视共性追求。个性和共性是对立统一的,而不是水火不容的,两者之间是相互补充、相辅相成的,共同是形成了班级活动的基本生命形态。提出个性化原则这个概念,并不意味着共性特征并不重要,而是因为当下的班级活动的设计与组织,因为过于偏向共性的追求,过于强调统一性,使得班级活动显得十分单调枯燥,缺乏了应有的生机、活力。

一谈到个性,人们通常想到的是心理学意义上的理解,即:个性是一个人不同于他人的相对稳定的心理特征的总和。目前,我们已经把"个性"这个概念由心理学的范畴扩展到了一般的社会领域,除了指称人的心理特征外,还意指社会活动、社会组织、社会关系等的独特特性。在此意义上,班级活动的设计组织的个性化原则,其首要内涵是尊重学生的个性,此外,还包括突出活动个性、彰显班级个性等多重含义。

一、尊重学生的个性

个体的多样性是社会多样性的基础,如果社会中的全部成员都是面目一致的,那么,这个社会一定会缺乏生机、活力。由于文化传统的关系,中国的教育一直强调整齐划一的共性,大多时候是要求学生要追求集体的共性,而放弃自我的个性。学校并非工厂的生产流水线,教育不应以培养规格统一的"标准件"为最终目标。在班级活动的设计与组织中,我们应该尊重并培育学生的个性,让学生生动活泼且个性鲜明地成长,成为区别于他人的独特的"我"。

（一）关注群体个性

"人,可以分为个体的人和群体意义上的人。相应地,人的个性也有个体的个性、群体的个性。"在班级授课制的前提下,同一班级的学生年龄相近,身心发展的水平、特点也十分相似,这就构成了班级学生的群体个性。在班级活动中,班主任要根据自己学生的年龄层次,去分析把握他们的身体发育水平、心理发展特点,根据学生的群体个性,有针对性地开展班级活动。

教育不应该超出学生的现有身心发展阶段,这就要求班级活动,首先要尊重、顺应学生的群体个性。如果班级活动过于超越现有的发展水平,学生就会因为陌生而产生隔膜感;如果大大低于现有的发展水平,学生又会因过于熟悉,而提不起兴趣。所以,班级活动必须与学生的群体个性相一致,才能起到一定的教育效果。

诚然,尊重和顺应并不等于原地徘徊,班级活动还具有发展和提升学生群体个性的功能。依据"跳一跳,摘果子"这一教育原则,在发展学生群体个性时,班级活动要找准学生的最近发展区,让学生在现有的发展水平上小步前进,不断进步。比如,要让小学一年级的学生养成一切生活都可以自理的习惯,如果一下子就让他们学会洗衣做饭,效果一般都不会很好。因此,班主任可设计开展一系列的班级活动,让学生从摆放课桌椅、整理书包、洗小手帕、帮助父母收拾房间等简单易行的基本生活小事做起,逐步养成自理生活的习惯、能力。

（二）尊重个体个性

相对于群体个性而言,个体个性更能彰显一个人作为独特自我的存在。在班级活动中,在关注学生群体个性之时,班主任更要尊重发展学生的个体个性,帮助学生实现个性化的成长。

现实中,很多的班级活动都是少数班干部,或者是有表演特长的学生展示自我的舞台,大部分学生往往都会沦为配角,甚至是个普通的看客。这种班级活动只是培养了少数学生的个性,却把大多数的学生都冷落了。每个学生的个性都是有意义、有价值的,在班级活动中,班主任要根据每个人的个性,让他们在活动中担任不同的角色,让学生在自己的角色承担中认识到自我价值,积极主动地去实现个性发展。比如,在开展"家乡历史知多少"班级活动中,可以让乐于交际的学生去访问自己家乡的那些老人,让擅长摄影的学生去拍摄家乡的文物和古迹,让喜爱读书的学生去查找自己故乡的文献资料,让办事严谨的学生去梳理整合各种资料,让擅长写作的学生去撰写家乡的发展简史……这样,不仅大多数的学生都能参与到活动中,且能根据自己的个性和特长找到适合自己的位置,在获得成就感的同时,也锻炼了能力,发展了个性。

二、要彰显班级个性

班级活动的设计和组织的个性化,不仅要关注学生个体的个性化成长,且要关注班集体的个性化发展。作为相对独立的教育组织,每个班级也应该有自己的特征,体现自己的个性。培植个性化班级的意义,不仅在于让班级成为独特的"这一个",且为学生营造个性化的成长环境,对学生的个性化发展具有十分有益的促进意义。

(一)打造班级的个性

班级个性的产生,主要归纳为两个途径:自发形成、自觉打造。基于对班级个性意义和价值的把握、认同,首先,师生应该利用班级活动去自觉主动地打造班级的个性。

班级活动是生动活泼、丰富多彩的,通过班级活动去打造班级个性,让学生在具体可感的活动中潜移默化地形成相同的价值观、共同的发展目标、共同的行为方式,为班级个性的形成奠定基础。李镇西在他的"未

来班"的实验中,就利用班级活动打造了自己班级的独特个性:

首先,我决定让文学成为我和孩子们的共同爱好。我把《爱的教育》《青春万岁》《红岩》《钢铁是怎样炼成的》等小说带进了语文课堂,还经常在放学后带着孩子们去郊外搞"文学写生":在学校附近的岷江之滨,在乐山大佛对面的绿岛上,在朴素的农舍前,在静静的小河边,我带领大家一起去用心感受大自然,然后,当场用文字描摹自己的感受。我还多次在寒暑假里和学生一起去大自然中作长途旅游:曾与学生穿着铁钉鞋,冒着风雪,手挽手登上冰雪世界峨嵋之巅;曾与学生站在黄果树瀑布下面,让飞花溅玉的瀑水把我们浑身都浇透;与学生在风雨中经过八个小时的攀登,饥寒交迫却兴趣盎然地进入瓦屋山原始森林……与学生们的这种风雨同舟、相依为命的经历让我感到无比的幸福。这种幸福,却不是我赐予学生们的,也不是学生奉献给我的,它是我们平等分享、共同创造的。

初步确定把"文学"作为自己班级的个性发展目标后,李镇西不仅在语文课堂上渗透他的文学教育,且利用课余时间带领学生去开展"文学写生"活动,让学生感受和描摹大自然之美,提高自己的文学鉴赏和创作能力。最后,当他们的诗文越来越频繁地出现在《读者》、《中学生》、《中国青年报》、《中学生读写》、《现代中学生》、《少年文史报》等全国各地的报刊上时,他的班级的特殊个性也就基本形成了。

(二)体现班级的个性

通常,班级活动大致有两种形式:一种是学校和年级里统一组织的,以班级为单位开展的活动;一种是班级自主开展的。这两种活动都会在一定程度上体现班级的个性,展现不同班级的不同内涵、不同风貌。

在学校或年级统一开展的活动之中,虽然班级无法自主确定活动的主题,但是,在活动的内容和形式等方面,却有着自主选择的空间,可以各自发挥、扬长避短，体现出班级的个性。比如，某中学要开展"青春在飞扬"、"五四"主题纪念活动，有文学特长的班级可以组织青春诗会，用诗歌来抒发青春的情怀；以书画见长的班级，就可以开展书画联展，用色彩来描绘青春的靓丽多姿；擅长社会实践的班级，可以组织青年志愿者活动，在行动中挥洒青春的个性和活力；具有环保特点的班级，可以开展"青春中国，绿色神州"的环保宣传活动，在展示中深化青春的意义和内涵……这样做，不仅会增强活动的效果，还能丰富活动的内涵，且会使同一主题的活动呈现出不同的形态、特点，突出了活动的个性化、多元化。

班级自主开展的活动，更应该始终贯穿着班级的个性追求。首先，在选题上，要紧扣本班存在的问题和情况，以及发展目标，做到重点突出，有的放矢。比如，针对最近本班流行看"口袋书"的现象，组织学生开展以读书为主题的活动，引导学生去正确选择课外读物。其次，在活动的设计上要充分考虑到本班特点，制定出恰当的方案。最后，在活动的组织上，要选择本班学生熟悉的内容，以及易于接受的方式，以达到最佳的教育效果。比如，在一个学生普遍活泼好动、个性鲜明的艺术特长班，一定要开展集体主义教育，与其摆事实、讲道理，进行理念的灌输、思想的规训，还不如让学生去表演、游戏、观摩，在具体生动的情境中体验、领悟、践行个体的集体主义精神。

三、突出活动的个性

活动是每个学生素质发展的最基本途径，活动教育是促进学生素质发展的最有效手段，是重要的教育形式。某学者在考察了活动教育的发展历史后总结："活动教育是对以'知识本位'、'教师中心'为特征的传统教育不断超越反思的产物，是在与灌输式、传授式教学相抗衡的过程中，逐步形成的一种新的教育主张。"在与传授式、灌输式教学相抗衡的过程中，在对传统教育的反思与超越的过程中，活动教育已经形成了自己特殊的内涵和操作体系,已成为一种新的教育形式。在学校教育的体系中,活动教育的特殊性,并不主要是表现在"教育"上,而是表现在更加具体的"活动"中,正是这一关键词,才把活动教育与其他林林总总的教育形式加以区别。作为活动教育的一种,班级活动应该承续并发展活动教育的活动个性,发挥其在学校教育中的特殊性。

(一)要突出活动的情境性

同学科教学主要传授间接知识为主的区别是,活动教育主要是学生在真实或者是虚拟的情境中体验、感受、认知,进而获取自我生存和发展所必需的直接知识经验,情境性是活动教育的最明显的个性特征。作为活动教育的一种,班级活动要引导学生走进真实的情境,创设虚拟的情境,在具体生动的情境中提升品德、陶冶情操、发展心智,进而实现自我发展。

班级活动是和学生的生活紧密相连的,生活中,学生们身边的很多情境都具有教育价值,班主任要善于捕捉这些机会,在真实的情境中开展班级活动。某名校著名的班主任老师是这样利用真实情境开展其所在班级的活动的,我们且听这位老师的陈述:

新学年开始了,我的学生们兴高采烈地布置上了一层楼的新教室。目睹此情此景,我带着感情对他们说:"祝贺大家更上一层楼,搬进了新教室。对于'更上一层楼'有何联想、遐想、思想,我们先自由组合成小组谈一谈,然后再来个全班发言。"

习惯于小组讨论的学生们,一下子就形成了 12 个小组,无拘无束地开始热烈讨论——因为大家知道:你有一个苹果,我有一个苹果,交换之后,各人手中还是只有一个苹果;而你有一种思想,我有一种思想,那么交换之后,每个人就拥有了两种思想。

学生换教室本是十分平常的事情,布置教室也是十分常见的情境,很容易被很多班主任忽视。但在这个例子里,学生们之所以能很快地组成小组,"无拘无束地热烈交谈起来",除了学生理解了讨论的价值和熟悉讨论的方式之外,还是因为他们的老师准确把握了学生的活动情境(布置上了一层楼的教室)和情绪情境(兴高采烈)。敏锐地捕捉到了教室楼层升高所蕴含的隐性意义,巧妙地把学生的喜悦情绪引向了更深一层。

现实中的很多真实情境都具有一定的教育价值,但是,真实情境毕竟具有不可控性,是可遇不可求的,假如坐等真实情境,班级活动必将会十分被动。因此,在班级活动的设计与组织中,还要根据活动的要求、目标,主动设置虚拟的情境。班级活动的虚拟情境的设置应该遵循以下几个原则:

一是拟真性。即情境必须要和现实生活具有相似性,是现实生活中可能发生的情境。出于教育效果的要求,虚拟情境可以变形、夸张,但变形、夸张须以现实生活为基础,而不能凌空蹈虚、天马行空。二是生本性。班级活动的目标是指向学生的,因此,情境设置必须要以学生为本,虚拟学生熟悉的内容情节,引发学生的兴趣爱好,起到事半功倍的效果。三是教育性。班级活动是学校教育活动的有机组成部分,班级活动中虚拟的情境也应具有正面的教育价值。

(二)要突出活动的交互性

学科教学主要是个体的学习活动,与之不同的是,活动教育是以集体形式来开展的,它要求参与活动的每个人都应该默契配合,相互协调,共同推动活动的进程,人际交互性也是教育活动的基本个性特征。

班级活动也是集体活动,这就要求参加活动的每个参与者都应在独立判断、思考的基础上参与集体活动,在人际交往中进一步地合作交流,实现观点、行为的交融、碰撞和整合。当然,这些并不都是随意、随机的,而是在事先设定的目标程序的指导下,有组织和有方向的交互。人际交互中,作为班级活动的主要的设计者、组织者,班主任的角色十分重要,不仅应该是交互活动的参与者,还应该承担起组织引导之责,让交互活动在平稳、理性、协调的状态下有序进行。

(三)要突出活动的实践性

学科教学是一种以系统地传授科学知识为主要目的的手段,活动教育则主要是为了培养学生的实践能力,实践性是活动教育的一个个性特征。班级活动,既要重视实践在学生发展中的价值,还要引导学生去关注实践、投入实践、升华实践,在实践中汲取知识,增强自身的能力。

班级活动本身可以是实践活动。在设计与组织班级活动之时,班主任可组织学生将平时所学的知识转化到行动中去,在实践中学习,在学习中实践,让学科教学与班级活动得到互补、彼此渗透。比如,学习了小学品德与生活中的"生活不能没有他们"之后,班主任可以把学生分成若干小组,每个小组负责了解一个行业的工作,然后在班级上进行集体交流,帮助学生认识各行各业对于整个社会的重要性,帮助学生学会尊重他人的劳动成果。当然,班级实践活动的主题不仅仅局限于学科内容,也可以是学生的在学习生活中常见的、必须掌握的一些实践本领,如自救策略、生活自理能力、交往技巧等等,这些都可作为班级实践活动的内容。

班级活动还可以引导学生的实践。虽然有些班级活动是"务虚"的,但其"虚"是为"实"服务的,这样就可以起到指导和提升实践的作用。比如,某班的学生某段时间热衷互送生日礼物,且攀比之风日渐严重。在此情况下,既可以开展集体的生日活动,还可用直接实践的方式去引导学生节俭朴素地过生日,组织学生讨论和辩论,引导其认识友情的真正价值。后一种形式看起来是"务虚"的,但是认识明确了,行动也就有了依据,这种"务虚"往往会起到事半功倍的效果。

第二节 开放性原则

班级活动作为学校教育教学的基本单位,具有自己的组织结构、组织关系、组织目标、组织运行机制等等,是个相对独立自主的教育组织、社会组织。但是独立自主并不等于封闭自守,班级还要与外在的社会环境发生无数的联系,形成相互渗透、相互依赖的互动关系。作为班级建设、学生教育的基本手段,在保持自我独立性的基础上,班级活动更应该面向生活、面向社会、面向未来,培养具有社会责任感、生活自主性、自我发展力的合格的社会成员。

一、面向生活开放的意义

面向生活开放意味着班级活动要全面观照学生们的生活领域,让其在活动中学会创造生活、把握生活、享受生活。中小学生的生活领域,主要包括其个人生活、家庭生活、集体生活这几部分,班级活动应以开放的姿态,积极引入和介入学生的生活,帮助其提升个人生活的品质,参与到集体生活中去,融入和谐的家庭生活。

(一)提升个人生活的品质

中小学生中的大多数都是独生子女,且都过着衣食无忧的生活,因为学习负担十分重,没有时间处理自己的生活琐事,从而导致了他们的生活自理能力很差,这必将影响到他们目前、将来的生活质量。

针对这一普遍现象,在班级活动中,要引导学生认识到生活自理能力是个人幸福生活的基础,通过开展"自己的事情自己做"、"大家都来讲生活常识"、"小小厨艺大比拼"、"争当健康小卫士"等丰富多彩的活动,教会学生们日常生活的知识、方法和技巧,帮助他们养成健康生活的好习惯,培养他们的生活自理能力。

除了基本的物质生活追求外，人还应该有更高的精神生活追求。班级活动在帮助学生提高生活自理能力的同时，还要引导他们丰富自己的知识、提升个人的文化、精神素养及生活的质量、品位。在班级教育过程中，可以开展读书、艺术鉴赏、创作、礼仪培训等多种活动，让学生在活动中学会调适、舒展身心，创造和享受精神之美、艺术之美、生活之美。

(二)参与集体生活

集体教育是学校教育的最基本形式。在集体中，学生的精神有了依托，情感有了交流，心灵有了归宿，归属的需要得到了一定的满足。在集体中，学生们相互交流、合作，取长补短，一起进步。班级活动要引导学生融入到集体生活中去，在集体的肥沃土壤中实现自我成长。

班级是每个学生学习成长的集体，在校期间，他们时时生活在班级之中。班集体建设是班级活动的基本职能之一，班级活动要着力培养学生的这种集体意识，激发学生的集体自豪感、荣誉感，让学生产生集体的凝聚力、向心力，自觉地参与到班级的建设中去。针对中小学生的特点，班级活动中的集体主义教育不宜采用灌输、说教的方式，可通过征集班训班徽、组织文体活动、美化班级环境、争创优秀班级等形式，让学生在潜移默化中产生一种集体认同感，在不知不觉中融入到集体的生活中。当然，班级活动的本身就是集体生活的一种，也要让学生自觉自愿地融入其中。因此，班级活动要契合学生的年龄、心理特征，选择学生最关心的主题内容，采用学生最喜闻乐见的形式来吸引学生的注意力，激发学生们的兴趣，让其积极主动地参与到班级活动中来。

(三)融入和谐的家庭生活

家庭是学生健康快乐成长的港湾。稳定和谐的家庭生活可以促进学生良好身心素质的形成。班级活动，不仅要关注学生在校园中的集体生活，还要关心学生的家庭生活，进而实现家校合作的形式，给学生的成长创造良好条件。比如，可以开展"我爱我家"主题班会，让学生在介绍自己的家庭成员、讲述家庭故事之时，感受家的温馨美好；组织家庭运动会，让父母和子女在相互配合中深化彼此的情感，达成一定的默契；针对当前独生子女缺乏感恩意识、不懂得孝敬长辈的这一现象，开展"我当一天家"活动，让学生们在实践中体会持家的艰辛，进而对父母产生由衷的敬意；针对处于青春期的学生的叛逆心理，难以和父母沟通的现象，可以开展亲子交流的活动，组织家长和学生坦诚各自的心声，倾吐各自的苦衷，进而填补代沟，消弭隔阂，实现父母与子女的互动……

二、面向社会开放

教育的基本目标之一是培养社会人。学生由自然人向社会人的转变是个认识的过程，更是个实践过程，学生不可能在封闭的条件下，凭借着说教误导就可以去实现。如果要促进人的社会化成长，班级活动就必须要主动地向社会开放，引导学生认识社会，适应社会，主动参与到社会活动中去，在社会实践中提升自己的素养。

（一）真正地认识社会现象

在班级内，每个学生都要有自己的角色，同时也会把自己的社会生活背景带进班级中，使得班级也带有社会组织的特点，成为社会的缩影。客观来讲，班级中既有美好的社会现象（如教师对学生的关爱帮扶，学生对教师的理解尊重，学生与学生之间的配合和互助等），也有些社会不好之面的投影（如教师收受学生家长的礼物、学生仇视和贬低教师、学生间存在歧视现象等等）。班主任要在班级活动中根据学生的年龄特点，通过适当的方式引导学生们去关注班级中存在的这些不良现象，不掩饰、不夸大，帮助学生在认识辨别的基础上寻找妥善处理和对待这些现象的办法。

除了关注班级中存在的社会现象外，班级活动还要适时、适度、适量地把班级外的,具有教育价值的社会现象引入进来,引导学生们一起进行分析讨论,甚至是辩论,在认知层面上缩小同社会间的差距,在行为层面上学会分析甄别、应对各种社会现象,在潜移默化中提高其社会素养。

(二)参加到社会活动中去

面向社会开放的班级活动,不仅要把社会生活"引进来",且要带领学生们"走出去",让学生接触到更加广阔的社会生活,更深入地参加到社会活动中去,在行动中提升自己的社会素养。

如今,大多的学校都有自己的社会实践基地、劳动基地、德育基地等等,这些就是为学生打开了一扇扇通向社会的窗口。虽然窗口不能让学生因此就迈入社会。但是,至少可以让学生由此尝试性地参与到社会活动中去,开阔自己的眼界,深化自己的认知。在班级活动中,班主任要把学生带到这些基地中去,开展"和孤儿一起过'六一'"、"一日采摘"、"我是小小环卫工"等活动,让他们在实践中体验到劳动的艰辛,品尝到生活的甘苦,体味到助人的快乐,加深其对社会生活的认识。

学生参与社会活动的另一个领域就是社区。学生大多对自己生活的社区比较熟悉,比较有感情,组织开展社区社会实践活动,学生会易于接受,更有利于活动持续有效地开展。因为一个班级的学生,不一定是居住在一个社区中的,因此组织学生参与社区活动,不宜采用整个班级集体活动的形式。在实践中,班主任可让同一社区的学生组成一个小组,在实地调查的基础上选择小组活动的形式,以小组为单位开展各自的活动。在活动开展过程中,还应适时地开展些全班性的交流总结活动,让各个小组相互交流社区中的社会实践活动的经验,班主任要有针对性地给予恰当的指导,以便于活动的持续、有效、深入地开展。

三、面向未来开放

教育是一种面向未来的事业。诚如一位校长说的:"孩子们的手里攥着未来:个人的未来、家庭的未来、国家的未来、人类的未来。"教育要立足现实,就要着眼于当下,追求教育的可行性,但是更要关注学生的未来、社会的未来、人类的未来,追求教育的可能性。这里讲的班级活动要面向未来开放,主要是要用发展的眼光去看待学生,通过塑造学生的美好未来来实现教育对于人类的担当任务。

(一)引导学生要自我发展

发展自我,就是必须要学会终身学习。1972 年,联合国教科文组织发表的《学会生存——教育世界的今天和明天》指出:"明天的文盲将不是目不识丁的人,而是不知道如何学习的人。"在知识经济的时代,学会学习、终身学习,对于一个人的生存和发展具有极其重要的意义。在班级活动中,应该引导学生了解时代发展的快速进程,认识知识更新的异常迅速性,增强个人终身学习的意识。同时,还要教会学生学习的技巧和方法,帮助学生学会有效地学习。

发展自我,还必须学会生涯规划。未经规划的人生,就是缺乏方向感的人生,很容易随波逐流、见异思迁,难以发掘人的潜能,成就人的完满人生。班级活动,应该根据不同年龄阶段学生的特点,引导他们进行自己的人生规划,为自己的发展打下良好的基础。在小学阶段的班级活动中,要帮助学生了解和认识自我,通过榜样教育启蒙学生自我成就的意识。在初中阶段的班级活动中,不仅要帮助学生全面发展,还要引导学生发展自己的个性、特长,启发他们有意识地思考人生的意义、价值,结合自己的实际情况,初步确定人生的目标。高中是基础教育的最后阶段,这一时期的班级活动,应该引导他们了解职业选择和自我发展之间的关系,帮助他们确定学习、就业的大体方向,为将来走向社会打下坚实的基础。

(二)开发学生的发展潜能

这里说的开发学生的潜能,讲的是在班级活动中,要注意发现并发挥不同学生的不同智能优势。班级活动的设计与组织是一项系统性的工程，其间，一些学生平时没被看出来的特长，此时就会在不经意间流露和展现。这就需要班主任有敏锐的眼光，随时观察发现学生在班级活动中表现出来的优势智能，把其由潜在的状态开发出来后，使其发展成为学生的特长。当然，班主任自己的力量毕竟是有限的，难以观察到班级里所有学生的优点，这时，就可以组织专门的班级活动，发动学生"表扬和自我表扬"，挖掘自己和他人的优点。一位班主任曾经开展过这样的班级活动：

"写出每个人熟悉的本班的 10 位同学的优点，且每个人的优点不少于 50 个字。"这是我给学生布置的作业。当时，他们都感到莫名其妙，但是，看到我认真的表情，他们也就认真地开始写了。

我拿着大家写好的评语（最多的一人有 17 篇评语，少的也有 6 篇左右）在班上高声朗读起来："曹子君，是个真挚热情的人，还是个体育特长生，但他并不满足于自己在体育上取得的成绩，在学习上也是胜人一筹的，他刻苦努力的拼搏精神让人敬佩，真是文武全才！"

"胡伟，我发现你真是个讨人喜欢的人，我很赞叹上天造物之神奇，竟然能造出你那张灿烂的脸！笑容常在，很难找出悲伤的时刻。你聪明的大脑让我嫉妒，祝愿你永远快乐开心。"

"程平，你是我们的歌唱家，你的优点真多哦：篮球打得好，学习成绩好，人缘也最好，而且是一表人才，你真的很完美。你是我们的好朋友，老师的好学生。"

看得出，凡是评语中提到的同学，他们的心里都美滋滋的。这时教室里静悄悄的，学生们都沉浸在成功的喜悦里。

转眼间，两个月就过去了，每次上课前，我都会这样读上几段，我看到，班里的学生在悄悄地发生着变化：同学之间的关系更融洽了，值日生更主动承担责任了，教室布置得更干净整洁了，原来行为举止很随便的同学，现在也开始注意自己的言行了，见到老师，学生们都更有礼貌了。看到这些变化，其他的科任老师们都对同学们给予了极高的评价。

由此可以看出，一些学生对于自己潜在的优点都不是很了解，他们都认为自己是"很不起眼的普通学生"，但是，一旦知道了自己在他人眼里的好印象后，立刻就有了自信心，对自己的潜能开始有了新认识，相信"我的未来一定是美好的"。而且这也提高了他们对自己的要求，信心百倍地投入到学习和生活之中。

第三节　生成性原则

学科教学中的课程标准、课程计划、教材教学的参考资料等一系列材料，既为教学提供了支撑，同时也限定了教学的主题和内容，甚至是形式。班级活动则不同，作为一种校本，甚至是"班本"的教育形式，在内容确定、过程演绎、形式选择和结果形成上，班级活动很难预先进行统一的控制、限定，具有很强的灵活性、生成性。

一、活动主题的生成性

班级活动也具有计划性，每个学期，班主任要开展哪些班级活动，一般都会有个通盘的考虑、大致的思路，一些优秀的班主任，甚至还会根据自己的工作经验制定出整个学期班级活动的主题。但是，班级活动计划，还只能是个原则性的规划，在实际执行的过程中，还要根据实际情况生成具体的活动主题、活动内容。

著名班主任丁美如认为："班级活动课的基本课型可以分为两种：基本课、随机课。"这两种课型都有生成的空间：基本课的计划性比较强，但是"基本课的内容不是一成不变的，可根据实际进行调整充实"；随机课则十分灵活，活动的主题、内容都是根据教育实际情况实时生成的。

一般情况下,基本课会被纳入到班级活动计划之中,但是,班级活动计划只能根据对班级建设、学生发展情况的预测来确定主题,而无法预知班级教育中出现的一些具体情况,因此在具体实施时,要对已经做过计划的班级活动的主题和内容进行细化。有时候,因为情况变化了,事先确定的主题内容可能还要进行调整,甚至是取消活动。比如,有的班级准备开展为期两天的春游活动,在活动前夕,为了安全起见,教育主管部门规定,不得组织跨市的中小学生春游。于是,这个活动就面临着要么被取消,要么把两天的远足调整为一天的郊游。

学生的教育、管理是复杂的,班级中的很多情况都是班主任事先无法预料到的,这就需要班主任要根据班级的实际情况临时来确定主题、内容,经常开展随机性的班级活动。当然,班级活动的随机不是随意生成的,而是要看具体情况:一是有没有活动的必要;二是有没有教育的可能,只有必要性、可能性全部具备了,班级活动才具有价值。如果随意生成,难免会让班级活动过滥过多,难以获得好的教育效果。

二、班级活动过程的生成性

班级活动过程的预设性和生成性,并非是矛盾的,而是相互促进、相辅相成的。如果班级活动的预设过于细致、教条,有可能会束缚活动的开展,活动过程中生成的火花被忽略了,活动就会显得滞涩呆板;如果预设得不充分,完全靠生成,那么,班级活动也就难免会随波逐流和过于随意了。因此,强调班级活动过程的生成性,并非说不要预设活动方案,而是对当前班级活动预设过于琐碎,活动过程近乎按"剧本"表演的弊端,主张活动要预设粗线条一点,灵活一点,让班级活动更加丰富多彩、活泼灵动。

活动过程的生成性,分为主动生成和被动生成两种。主动生成,主要是指在制定班级活动方案时,就预留了生成的空间。活动时,在班主任的引导、鼓励、启发下,学生们充分发挥自己的积极性、主动性,创造性地开展活动,自主性地完成活动过程。

比如,在开展"我与父母比童年"的这一班级活动时,班主任只要在活动开始时给学生说明活动目的、要求,在活动结束组织开展交流活动就可以了,至于学生和父母比童年的什么,怎么样和父母比童年,怎么样呈现比的结果等等,班主任则没有必要进行统一规定,完全可以让学生去自主进行。因为没有严格限制,学生自主生成的活动过程就会生动活泼,色彩纷呈,充满特色和个性。

如果说,被动生成基本上还在意料之中,那么,主动生成就是指意料之外的生成过程了。有时,班级活动,并不一定会沿着预设的路径顺利发展,还会在活动过程中出现意外的情况,让班级活动偏离预定的轨道,向其他的方向变化。这些意料之外的生成,不仅考验着班主任的教育智慧、应变能力,同时检验班主任的教育思想和理念。优秀的班主任都知道,班级活动不是班主任的"一言堂",也不是光做表演的话剧,而是要让学生全身心地投入到活动中去,真说真做、真思真想,真实地表达自己的内心感受。在班级活动中,不能因为学生的表现不符合自己事先的预设,班主任就不分青红皂白地断然给予制止,强行把学生拉回到预设的轨道中,而应迅速地对出现的情况进行判断分析,假如学生的言行有道理,具有教育价值,就应该改变预定的进程,生成新的活动内容。

三、班级活动形式的生成性

班级活动的形式是多种多样的,有实践活动,也有思辨活动;有主题活动,也有常规教育;有小组活动,也有个人活动……采取何种形式的班级活动,不仅要看学生的个性、班级活动的目标内容、班级的特点,还要和活动的具体情境相一致。因为影响因素很多,班级活动形式的选择就要具有较强的灵活性,需要在具体的活动中进行及时的调整。

每个班级都有几十个学生,每个学生都有自己的个性特征、兴趣爱好、思想观念、行为方式。在班级活动形式的选择上,有的人喜欢独立思考,有的人喜欢集体讨论,有的人擅长文艺活动,有的人擅长社会实践……虽然,班级活动是一种集体教育形式,但并不是只见集体不见个人的,在优先选择适合整个班集体的活动形式的基础上,要适当地留有自主生成的空间,让学生有机会去选择自己喜欢的方式来进行班级活动。

比如,在开展"我看七十二行"的班级活动时,班主任可不事先规定活动的形式,让学生自己选择喜欢和擅长的方式去进行活动,这样,喜欢实践的学生可以选择一个行业劳动一天,亲身体验这一行业的工作;善于写作的学生可以组成采访小组,采访各行各业的劳动者;擅长画画的学生可以把某一行业一天的工作画下来,形象地展现这一行业的特点……由于是自己选择的活动方式,通常学生们都会更加积极主动地参与到活动中,活动效果也能够得到很好的保证。由于活动形式多种多样,活动的成果也会更加丰富多彩。

活动形式都带有较强的情境性。即使是在同一个班级中开展同一主题的活动,在不同的情境下,也宜于采用不同的形式。情境因素主要包括:活动时间、活动地点、活动环境、学生的情绪等等,这些因素变化时,要求活动形式也要随着变化。

比如,某班级准备为庆祝"五四"青年节开展一次篝火晚会,但是,活动的当天却下起了大雨,原计划无法实施。如果取消活动,为活动准备了很长时间的学生都会感到失望。在这种情况下,班主任不妨把在室外举行的篝火晚会,临时改为在室内举行的青春联谊活动,活动的主题不变,活动形式做适当调整,学生们照样可以在活动中放松身心、释放活力。教育情境的力量是十分巨大的,如果不能根据教育情境来适时调整班级活动的形式,班级活动会很难取得效果,甚至会中途夭折。在家长会上,一位班主任得知很多学生的电视瘾和上网瘾很大,于是就在第二天组织了一次主题班会:

在家长会召开后的第二天,我不失时机地组织了名为"向电视瘾、上网瘾说再见"的班会活动课,以配合家长的教育行动,同时趁热打铁地让可能会成瘾的学生加以警醒。一向在班会课上挥洒自如的我,十分自信能将这次班会课按照事先的设计顺利完成。

一切都在我的控制之中……

"抗议! 抗议!"在我将"向电视瘾、上网瘾说再见"的班会主题板书在黑板上方时,学生们在七嘴八舌地喊。

"谁是喊得最起劲儿的?"我转过身,面向学生厉声地问。

"我!"向来都爱跟我辩论的阿文站了起来,不服气地看着我说。其他的学生则直愣愣地看着黑板不知所措。这样的开场白是绝无仅有的。

"你抗议什么呢?"我不再想班会的设计了,我只想"收拾"这个带头起哄的学生。

阿文一点儿都没表现出要屈服的神态,他理直气壮地说:"你这样做是限制少年儿童的人身自由,是违法的,所以我们要抗议!"

听到自己的一番好意被误解了。我心中的怒火"腾"地一下子就上来了。大声说道:"我什么时候限制你们的自由了? 我只是说告别电视瘾、上网瘾,我不准你们看电视、上网了吗?"我边说边用红色粉笔在黑板上的两个"瘾"字处画了两个圆圈,以示强调。

"哦! 是这样的呀!"阿文吐了一下舌头,扮了个鬼脸后便不好意思地坐了下去。

战胜了第一个反对者后,我并未有过多的喜色,因为班里一些成绩优秀的女生和部分调皮的男生,也正以一种不屑一顾的表情在看着我,摆出了一副任你讲什么我全不放在心上的"歪样"。此时,我感到了那种前所未有的挑战。"怎么办? 该怎么办?"我平静地看着学生们,心里头却乱成了一团麻。

"非让他们服气不可! 我要实话实说!"下了要应战到底的决心后,我先援引了家长唉声叹气向我倒苦水的话,接着,又分析了个别经常不爱做作业、上课注意力不集中的学生看电视成瘾、上网成瘾的事实。

我正提议让学生交流一下"不看电视,不上网,我们还可以做什么"时,时间很不作美,下课的铃声响了,我只好让学生将交流的内容写在纸条上,按老规矩交给班长,由他整理出结果,并张贴在教室的公示栏内。

这节班会课之所以会失败,并不是班会主题定得不好,而是因为在组织的过程中,班主任没有及时根据教育情境生成适当的活动方法。当班主任刚一写下班会主题时,学生便都抗议了。但是,这位班主任不但没有对学生进行安抚,却用压制的方式"厉声"呵斥学生,并以"收拾"的心态来对待学生。经过一番交锋后,尽管班主任让学生明白了不是不让他们看电视和上网,而是要让他们不要成瘾,但是,敌对的情绪已经形成了,"一些成绩优异的女生和部分调皮的男生,也正以一种不屑一顾的表情看着我"。此后,班主任又以"应战到底的决心"摆事实和讲道理,但时间很仓促,没有取得预期的效果。

在这个案例中,如果能够在发现学生对立情绪严重时,班主任适时地检讨一下"一切都在我的控制之中"的盲目自信,采用一种温和的方式让学生们说说自己抗议的原因,缓解一下学生的不满情绪,然后,再解释开展这个班会的真正原因,那样,学生们会更容易接受的。

第三章　学习促进类集体活动的策划

第一节　学习促进类班级活动的概述

学习促进类班级活动，是班主任以提高学生学习品质为目的而设计的班级活动，不同于一般的课程学习之处的是，在开展此类活动时，班主任应明确学习促进类班级活动的内涵、特点，明确这类活动不同于一般意义上的学习活动，并由此制定正确的活动方案。

一、学习促进类班级活动的内涵、特点

"学习"一词是校园中使用频率最高的词汇，是学校教育的永恒主题。但是，古今中外对于"学习"的理解却是不同的。翻开《辞海》以及各种工具书，对"学习"的解释大体可分为两类：一类是依据中国文化传统中对学习的理解，从辞源、字义上解释学习的概念，"学"是指人的认识活动，而"习"则是指人的实践活动，这是在中国传统文化中长期探讨的一个重大理论问题：知与行的关系，把二者统一起来并构成完整的学习概念；另一类是依据西方心理学家对学习的研究、界定来定义的概念，认为学习是指人和动物因经验而引起的行为、能力，或是心理倾向相对持久的变化过程。

一说到学校教育中的学习，首先使人想到的就是上课、练习、作业、考试，这是狭义的概念，主要指学习科学文化知识。对于学生来说，在学校中的主要任务就是学科知识的学习，但是这里的学习促进类活动并不是指上课、作业、测试等教学活动，而是指班主任为了建设班级优良学风而设计组织的各类集体活动。总的来说，学习促进类班级活动，是在班

主任的指导下有目的、有计划的活动,是为了培养学生的学习品质,提高学生的学习能力而举行的各种教育活动。

学习促进类班级活动具有以下特点:

(一)目标的多元性

此类活动的目的,除了提高学生某方面的知识能力外,更重要的是,活动的组织者还要努力在活动过程中达到让学生提高学习能力、培养探究意识、养成良好习惯、端正学习态度、提高科学素养等教育目的。

(二)内容的知识性

此类活动总是围绕着某种能力、知识、方法展开的,如知识竞赛活动就是围绕着相关知识来比较学生的掌握程度,科技制作比赛需要的是学生的相关学科知识、动脑动手能力,学习方法交流同各学科的知识是紧密相关的。

(三)方法的趣味性

此类活动的方法是丰富多彩、不拘一格的,和课堂教学最大区别之处在于此类活动与设计强调方法的生活化、趣味性,目的是在于提高全体学生主动参与的自觉性、积极性,所采用的方法都是为学生所喜闻乐见的。

(四)评价的自然性

此类活动的评价多倾向于实践过程中的以口头评价为主的随机评价。多采用鼓励、表扬的评价方法,用以激发儿童大胆的表现和创造欲望。

二、学习促进类班级活动的功能、作用

21世纪的人才最重要的品质就是:善于探究、勇于创新。中小学生的思维敏捷,兴趣广泛,对什么事情都总爱问个为什么。但是,升学的压力、沉重的课业负担常常压得他们喘不过气来,这就在很大程度上扼杀了其创新潜能。

进入新世纪以后,新课程的理念得到了广泛认同。新课程的教学模式、综合实践活动课程的开发等等都为班主任的实际工作拓展了新空间。班集体建设的目标,不再仅仅局限在班级的常规管理、思想道德教育,对于学生的学习能力、探究能力、创新能力同样应给予高度关注。其实,这些正是教育的根本。各种教育活动就是为了学生的现在、将来的全面发展而开展的。

近年来,在关于班级建设的理论研究中,有学者提出了"建设学习型班集体"的说法。学习型组织的概念、理论是在20世纪90年代产生的,是一种新的企业管理理论。美国麻省理工斯隆管理学院教授彼得·圣吉描述了"学习型组织"的含义:学习型组织是一个不断创新进步的组织,其中,大家得以不断突破自己的能力上限,创造真心向往的结果,培养全新、前瞻、开阔的思考方式。全力实现共同的抱负、共同学习、如何学习。作为当前最先进的管理理念,"学习型组织"早已渗透到社会的各个方面。中国政府关于"构筑终身教育体系、创建学习型社会"的号召,以及中国共产党十六大报告提出的"形成全民学习、终身学习的学习型社会,促进人的全面发展"的目标,都为创建学习型班集体提供了良好的社会环境。

学习型班集体的一个重要目标就是提高所有班级成员的学习力。

"学习力"一词最早是出自于1965年美国人佛睿斯特写的一篇文章。他运用系统动力学原理,非常具体地构想出未来企业的思想组织形态:层次扁平化、组织咨询化、系统开放化,逐渐由从属关系转向工作伙伴的关系,不断学习、不断重新调整结构关系。

20世纪90年代中期,"学习力"一词已经逐渐成为知识经济时代应运而生的一项领先的管理理论,受到越来越多的企业管理者的重视、应用。那么究竟学习力是什么呢？有学者认为其"是学习动力、态度、能力和创新技能的总合"，还有人将学习力定义为"能帮助一个人更快更好地学习一切的能力"。

实际上，学习力是由一个人的学习成就动机、学习信心、意志力、注意力、学习方略等因素组成的合力，还有人将学习力定义为"是一个人学习态度、学习能力、终身学习之总和"。总结比较多种关于学习力的表达意义后，可以说，学习力就是一个人的学习动力、学习能力、学习毅力的总和。

学习促进类活动的功能和作用主要表现在以下方面：

(一)增强学生的学习动力

学习动力，它是指人学习的原动力，分为内在动力、外在压力。内在动力是由个人对社会的认知程度、主体要实现的目标所决定的，且同认知程度是成正比的，其认知程度越高，学习动力越足；也与要实现的目标高低成正比，伟大的目标产生巨大的动力。外在压力和这个时代的生产力水平、政治、经济、社会体制是密切相关的，社会竞争越激烈，学习压力就越大。内在动力、外在压力是密切相关的，两方面相互影响、相互促进。

对于学生和家长，甚至是教师，学生学习的最大动力，几乎就是一个令人满意的中考(或高考等)成绩，考入一个名牌的中学或大学，将来有个十分不错的工作。诚然，这是很有力的动机，但是对于学生内在的驱动效果而言，这显然不够、不全面。对于终身学习的意义而言，学习者需要的还有更多。

在一次班会中，有位同学说："在我们的身边，有因为喜欢看《高达》而去研究机械的同学；有因为喜欢玩游戏《三国志》而去研究三国历史的同学；还有因为对《魔戒》热衷而去研究中世纪欧洲历史与文化的同学。这再次验证了爱因斯坦所说：兴趣、专一、顽强工作、自我批评让我达到我想到达的理想境界。诚然,我们不能忽视兴趣对爱因斯坦取得成功的作用。动漫电影不只是看看而已;小说不只是读读罢了;游戏也不只是玩玩就忘记了;科学也不只是静静地躺在教科书中而已!"

不同的学习动力,有可能会对学生的学习产生积极的作用,也有可能会或多或少地存在着不利的方面。班主任一定要合理地利用各种活动,去激发学生们正确向上的学习动机,同时,又要不断地促进学生的学习动力的健康发展。

(二)提高学生的学习能力

除了学习动机、学习毅力外,决定学习水平的重要因素就是学习能力。在学习中,很多同学的努力都没有得到相应地回报,于是他们很苦恼:"为什么我总是不能提高呢?"对于这些成绩不理想的学生,他们的心理压力可能会很大,如果不注意加以引导,他们可能会逐渐对自己失去信心。不同的学生的学习能力和方法是不同的,这会对他们的成绩产生很大的影响。这就需要通过班级活动来对其进行引导。"课堂学习可以培养学生的智力。这是教学的主要任务之一,但是只靠课堂教学来培养学生的智力却是远远不够的,内容广泛、形式多样、丰富多彩的班集体活动是不可或缺的力量。"

在班级活动中,班主任选择恰当的时机(如期中考试前或考试后),组织学习交流、开学法交流会,开设一些学习方法方面的讲座,会对学生起到一些好的促进作用。如某重点中学的一个班级,在高二"小高考"前,班主任李老师就组织了一些学习交流会,还让一些复习得好的同学分别整理了相关学科的知识给同学们分享,因此,同学们的收获都很大,最终三十多位同学都获得全A,位于年级的普通班之首。

(三)提升学生的科学素养

当代的中学生,应当具有良好的公民素养、道德素养、艺术素养、人文素养、科技素养等等。"提高全体学生的科学素养"是高中新课程标准的一个基本理念。

科学素养（scientific literacy）的内涵不仅仅是科学知识和技能，还包括科学方法、思维方法、创新精神、科学精神、价值观、科学情感、科学态度等等。在科技传播，尤其是在科学普及研究中，科学素养是一个十分重要的概念，和科学普及的目标意义是密切相关的。目前，学术界对科学素养的表述已有了大致的共识，即科学素养，就是指公众对科学所应了解的程度。通常情况下，此概念还包括对科学的本质、目标、一般局限的认识，以及对更为重要的科学思想和方法的理解、认同。关于科学素养的概念定义，米勒（Miller）模型已经成为科学素养研究中该定义事实上的"工业标准"。米勒认为，科学素养是一个与时俱进的概念，时代变化后，科学素养的内涵也会发生变化。在当时的背景下，米勒界定了科学素养概念的3个维度：1. 对科学原理、方法（即科学本质）的理解；2. 对重要科学术语、概念（即科学知识）的理解；3. 对科技的社会影响的意识和理解。

班级学习类活动的一个重要作用就是提高学生的科学素养。班主任可以配合STS课程、学校的研究性学习，将班级活动和综合实践活动结合起来，积极开拓学生的发展空间，让学生对科学的本质、科学与技术和社会的关系有更深刻的了解，在这个过程中还要培养追求科学和热爱真理的激情。

（四）加强学生的合作、交流

合作的意识和能力是现代人应具备的基本素质。国际21世纪教育委员会的报告《教育——财富蕴藏其中》明确指出："面向未来社会的发展，教育必须围绕四种基本学习加以安排，即学会认识、学会做事、学会合作、学会生存。"其中，"学会合作"是教育的四大支柱之一。

善于合作是一种精神,也是一种能力。但是,有的学生因为思想狭隘,过度地关注竞争,而不懂得如何与他人相处,甚至不愿意或不屑于与他人合作。这种思想既不利于个人的发展,也不利于社会的进步,因为,未来的社会是个需要合作的社会,需要大家合力去建设。为此,需要在班级管理中进一步加强合作教育。而很多的学习类活动,如班级成立学习交流会、互助小组、团队科研活动等,都将有利于创设人际沟通与合作的教育环境,使学生学会交流和分享研究的信息、创意、成果,发展乐于合作的团队精神。

三、分析学习促进类班级活动的现状

现在中学生的学习压力都很大,因此,班主任、任课教师对学习促进类班级活动的开展都很重视,因为毫无疑问,学习是学生最重要的事。因其对考试和升学有利,这类活动不会被认为是"耽误时间",或是"不务正业",这类活动往往能够受到班主任的重视,相比较而言,文体类活动、艺术类活动会让教育者感觉到无法施展,开展的空间也很小。

但是,目前学习促进类班级活动也存在着不足之处。

(一)目标定位不准

一些班主任认为,学习类活动的目标就是促进学习,因此,即使以"活动"的形式在班级内组织,也往往会更关注相关的知识本身,而不去关注活动的形式和学生在其中获得的情感体验。其实培养学生的学习态度、激发学生的理想目标,对学生的学习影响是很大的。

对班主任而言,设计此类活动的主要内容是引导学生去热爱学习,学会学习,培养他们良好的学习习惯,进而对学生在各门学科中的学习产生积极的影响,这些才是学习促进类活动的真正目的所在。

(二)形式过于单一

文体类活动,班主任一般都会精心设计、认真策划,力求将活动搞得

精彩新颖。而学习类活动,确实与其他的班级活动有所不同,在形式上没有其他的活动丰富,且对于这类活动,班主任老师往往会缺乏认真的思考、准备,将其简单化为一般的学习活动,造成这类活动的单一化,所以,学生也就会因此失去兴趣。

(三)内容过于雷同

这类活动的设计与组织容易同课堂教学的内容重复、雷同,这既和这类活动是围绕学生的知识学习展开的性质相关,又和班主任个体的认识水平密切相关。

第二节　学习促进类班级活动的设计与组织

最近,班主任周老师发现,高三第二次的模拟考试后,自己班级的气氛突然异常了。很多的学生都是心事重重、一脸憔悴的样子,有些人已经开始茫然。上课分心,做作业粗心,班级的纪律也很差,卫生也不那么好了,有种欲振无力之感。有学生在周记中写道:"感觉突然想撞墙,越学越糊涂,原来记住的概念、公式、定理,突然一下子就全都没了",很多学生为此都非常着急。

但是,周老师却并没有着急,因为他知道:这是高三复习过程中出现的"高原现象"。为此,他召开了一个主题班会,向学生介绍了两个概念:极点现象、高原现象。他告诉学生:极点现象是体育运动,尤其是中长跑中体力消耗累积到一定程度后出现的呼吸急促、胸闷头晕、动作不协调、下肢沉重的现象。但是,极点现象是可以克服的:稳定情绪、适当减速,加深呼吸,这样坚持下去——当氧供应逐步加强,肌体功能重新得到改善,上述的生理现象就会逐步缓解、消失,运动能力也会重新恢复。接着,还介绍了高原现象——学习过程中的"极点"。

周老师又布置了下次的主题班会:"高原现象"的研究。他把任务分解为：1. 探究"高原现象"的原因及其在本班的表现形式；2. 克服"高原现象"的例子；3. 克服"高原现象"的措施及对本班的建议等。他将 3 个任务分配给了学生们，让他们以小组为单位去开展活动，并提供了些文章、书目，要求充分利用图书馆、互联网去搜索信息。学习成果要总结成文字性的报告。

第二次活动时，有的学生把高原现象与"熬夜"作了比较；有喜欢篮球的学生用姚明刚进 NBA 后撞上的"新秀墙"来类比"高原现象"；有个体育考生联系自己体育训练的痛苦和专业考试中碰到的困难讲述亲身经历，俨然一副专家的模样。在提各种建议的环节中，大家都各抒己见，在充分讨论后整理出"有本班特色的六大技巧"，指引同学们解决这种问题。在这次班会后，周老师还组织了释放压力的"休闲"活动……最后，班上的同学都成功地战胜了学习上的"高原现象"。

上面是一位老师在发现班级的学习风气和学生的学习状态存在问题后，而设计组织的一次主题活动。这种根据班级近期的状况而设计的活动，是班主任工作中经常涉及的，它的成功与否和班级班风、学风，以及班集体建设整体水平有着十分直接的联系。

组织这些学习类的主题活动，关键是要做好以下两个方面：

第一，确定活动的主题。

一般来说，学习类活动的主题有四类：学习兴趣的激发、学习品质的培养、学习习惯的养成、学习方法的指导。但在每个不同时期，班级的工作重点都会有所不同的，学习促进类班级活动的重点也会有所不同。如新班级组建伊始，重点应当在从低一级学校到高一级学校的适应；在重要考试前，可能是学习方法的指引；在重要考试后，可能是方法的总结、心理的调适等等。不同班级的特点不同，学习促进类活动的重点也会有所不同。有的班级可能过于沉闷，可能需要一些形式多样、轻松活泼的学习活动,如抢答、演讲等。有的班级学风不正,可能需要更多的学习态度方面的引导。在开展相应活动之时,班主任首先要了解班级,了解学生,明确班级与个体的需求,分析目前学生中存在的问题等等,确定目前班级学习类活动的主题。班主任在选择主题时,可以从本学期重大的纪念日中去寻找主题,可以从本班学生的成长特点中去寻找主题,也可以从本学期学校的教育计划中寻找主题,从本学期节假日中寻找主题,从社会形势、重大事件中寻找主题等等。主题的确定是开展学习活动的第一步,也是非常重要的一步,需要班主任的充分思考,也可以由班委会充分讨论并向广大同学征求意见后确定提出。有很多班主任早在学期之初就已胸有成竹,对每个阶段的活动都做了安排。但此时,也还需重新审度一番,看看原来的设想与当前形势是否完全适合。如有不合拍之处,需做哪些必要的调整。

第二,活动的落实。

选题确定之后,要由班主任和班委会共同制订活动计划,并且落实组织工作。在活动开始前应制订活动计划。活动计划应该包括以下内容:活动的内容和目的,活动的基本方式,活动的组织领导,活动的时间安排,活动的具体准备工作,活动的地点,活动总结。活动计划应该由该次活动的负责人书面写成,每一项内容反复斟酌,以便落实。组织领导要明确具体分工,谁总体负责,谁负责宣传,谁负责对外联系,谁负责组织发言或节目,谁负责布置会场,谁做主持人等,都应有人牵头。具体活动的落实是活动的中心环节。但值得一提的是,活动中,主持人应有适当的点评与升华,特别是以讨论或辩论为主的活动,应对讨论的不同观点或不同方面进行引导,指出应为主流的思想观点,真正达到预期的教育目的。活动结束后,班主任应与班委员一起总结:活动究竟搞得怎样,是否达到预期的效果,同学们反应如何等,并及时指引下面的班级教育活动。

本节就不同形式的学习类活动分别谈一谈其设计与组织。

一、竞赛类学习活动的设计与组织

这是学习类活动经常采取的形式,是以竞赛的形式激发学生的参与热情,让活动更有活力和趣味,同时还培养学生的竞争意识、团队精神。这类活动主要有以下几种:

第一,百科知识竞赛、学科知识竞赛等。这类活动主要针对知识的掌握。

第二,"头脑风暴"、智力竞赛等。这类活动主要针对思维能力和发散性思维、创造性思维。

第三,辩论赛。这类活动主要针对的是思维的缜密性、理解能力、语言表达能力等的综合素质。

第四,其他的类型。如围棋比赛、书法比赛、科技创新大赛等活动,从广义上来说这类活动也可以归为竞赛类学习的活动。

组织这类活动,除遵循一般的班级活动的组织原则外,还需注意以下几点:

(一)恰当地确定活动的主题

可以结合近阶段学生的学习内容,让竞赛更有针对性,同时提高学生参与度。也可根据当前的国内外大事,或学校的大型活动来确定主题。如在北京奥运会来临之际,开展"奥运知识"竞赛活动;纪念长征七十周年之际,可开展关于抗日战争历史的知识竞赛;在爱鸟周举行相关生物知识竞赛;在学校举行文化节时,开展礼仪知识竞赛;等等。

相关链接:高二(8)班"非常6+1"知识竞赛班会活动方案

1. 班会背景

在节奏越来越快的当今社会中,我们更多看重的是一个人的知识、能力。在这个提倡素质教育的时代,更多的是要求学生拥有宽泛的知识面、较高的能力。主题班会是一个班级所有成员都参与的活动,我们希望大家能够真正参与到这个班会中来,同时也能从这一次班会中学到些知识,享受到快乐,所以,我们选择了智力竞答的形式,既可以调动同学们的积极性,让他们参与到班会中来,同时,也能让他们在参与的同时,学到一些知识,拓宽自己的知识面。

2. 班会形式

采取智力竞答的方式,事先准备题目,在班会上以回答问题的形式进行小组间竞争。

3. 总体构想

让某些同学在班会前查找相关的资料,准备好题目,做成课件,以便在班会之时使用。班会时,将同学分成 4 个小组,分别选出在各环节作答的同学。开始是必答题的环节,由主持人出示 4 组题目,每组的代表选择出一组题目进行作答。这时,记分员要在黑板上记下每组的答题分数。第二环节是抢答题,由每组代表进行抢答,由计分员进行计分。两个环节后,累计分数最高的两组再进行终极对决。终极对决是材料题,共四组,两组代表分别为对方选题,然后进行答题。每组有三道题,题目答对较多的一组获胜。若两组回答对的数目相同,再进行选题,若依然是难分胜负,即一题定胜负,最终决出获胜的那个组。

4. 班会附录:知识问答题

语文:

"大珠小珠落玉盘"所形容的是什么乐器的弹奏声?

A. 古筝　　　　　　B. 琵琶　　　　　　C.扬琴

历史:

日军在对抗日根据地的"扫荡"中,实行惨无人道的(　　　)"三光"

政策。

A.烧光、拿光、杀光　B.烧光、杀光、抢光　C.烧光、拿光、抢光

地理：

世界上有七大洲、四大洋,最大的大洋和大洲分别叫什么?

体育：

现代奥林匹克的创始人是谁?

(二)明确活动流程

竞赛类活动,一定要认真考虑操作层面的问题,如比赛的赛制如何制定、评奖的合理性等。必要时需要准备电子抢答器、计分器、计时器等物。在活动前,对仪器要进行调试,确保活动的顺利进行。

辩论赛,是经常进行的一种学习类竞赛活动。对于辩论赛这种活动,班主任还应该了解辩论赛的通常比赛规则、程序,正反方发言的顺序、时间、要求等等。班主任老师在设计辩论赛的活动时,应该了解下面几点:

1. 在组织班级辩论赛时,一定要仔细斟酌辩题,避免出现明显偏向一方的话题。

2. 明确一般辩论赛的程序,结合班会时间的长度可参考如下程序:

(1)主持人宣布比赛开始,介绍评委、队员、比赛规则。

(2)陈词阶段。顺序、时间依次为:正方一辩、反方一辩、正方二辩、反方二辩、正方三辩、反方三辩。每人发言时间在 1.5 分钟以内。当每位辩手的发言时间剩下 30 秒钟时,铃声提示;铃声再次响起时,表示时间已用完,辩手需立即停止发言。

(3)自由辩论阶段。双方轮流发言,每队各有 4 分钟时间。当一队发言时间只剩下半分钟时,铃声给予提示,当该队的发言时间已到时,铃声给予提示,该队应立即停止发言。一队发言时间先到,另一队可继续发

言,直到该队的时间(4分钟)用完为止。

（4）总结陈词阶段。发言顺序为反方四辩、正方四辩。时间各为2分钟之内。

（5）评委进行评议、裁决。裁决期间由教师进行点评,其他同学也可发表自己的观点。

（6）主持人宣布最后的辩论结果。

3. 评分科学合理是比赛顺利进行、取得较好效果的保证。辩论赛可以从以下几个角度进行评比:

（1）辩论技巧。辩手是否立场明确、语言流畅,是否从多角度、多层次进行分析、理解、认识辩题,叙述是否有条理性、层次性,论证是否具有说服力。

（2）内容资料。论据是否合理、充分、恰当、有力。引述资料是否正确翔实。

（3）自由辩论。能否始终坚持本方的立场,准确、主动、及时、机智地反驳对方的观点,立场坚定、思路清晰、逻辑正确、应对灵活。

（4）整体配合。是否具有团队精神,论辩的衔接是否流畅,能否相互支持,论点结构是否完整,是否形成一个有机的整体。

（5）表情风度。辩手手势、表情是否自然、大方、恰当,是否富有幽默感等等。

二、兴趣小组、社团类学习活动的设计与组织

随着素质教育理念的步步深入,新课程改革的层层推进,我们更加注重学生的个性发挥和全面发展,学生社团早已成为校园生活的一个重要组成部分。社团活动是指具有同种特长,或者是同类爱好的学生自发组成的一种学生群体。对丰富校园文化、促进学生身心健康成长方面,各种社团活动都起到了举足轻重的作用。同时,随着社会的进一步开放,集体合作精神也更加重要,这就要求学生不仅学习知识,还要拓宽自己的知识面,提高各方面的技能,增强社交能力,同时,社团也为学生提供了一片锻炼自己的天地。

从某中学文学社一次活动的主题发言,我们可以感受到社团活动对学生的促进作用。

今天是诗语文学社和诗语文学社选修课的第一次聚会。以后要每周一次,且文学社社员还会有小范围的探讨聚会。在座的每位必须有一定的文学作品,或者是读有关书籍,做心得报告、探讨。这个活动希望大家能够转变对文学,或者是对校园文学的观点。各位从这里出去之后,总要在文学上有点思路,获得些成就,不能只是说些"爱好文学"之类的空话和喊喊口号而已。每个人都要有一个题材,作为文学探讨的对象,借以凝聚自己的心思。如果对文学创作十分感兴趣,就可以专心致志地围绕自己选定的题目,然后去读几本不同类别的书,如选择了山水方面的题材,可以看看游记什么的,还可以看看和山水有关的美术作品,如山水画、山水盆景、山水摄影等。最好是一个一个地看,先写观察的直观感受笔记,再写成一篇文章。如果选择了爱国题材,可以看看不同历史时期和不同国别的人,他们的爱国情操是如何体现的,先结合表现的文字写点感受,然后开始逐渐创作。我们从事文学创作和文学探讨,既不能走马观花,也不能急功近利。文学社的活动是希望在创作中对生活和社会有所贡献,而不只是主观上在文学中获得享受。并不是要求在座的每位将来都从事文学创作实践,或者是有关文学理论的研究,但是希望大家能够用自己的方式对文学表达相对一致的见解。确立一个基本的认识是容易的。在各个时代,文学自有它不同的表现,但是那不应该是我们的立场。现在的我们要坚定自己的立场,来反对流俗中的错误观点。

我们的社团,首先要关注自己身边的生活、人和事,因为只有自己身边的生活、人和事才可以赋予我们的文学创作和文学观点以及个性化的色彩；但是也不能仅仅局限于此，因为只有把自己的眼界开阔到校园以外，文学创作、文学观点才有可能获得更加宽厚的根基，获得更加广泛人群的认可、支持，进而推广我们的观点。现在，有的报社认为学生的作文只应反映校园围墙之内的生活，这种观点是对学生能力认识的不足；有的杂志认为，中学生的作文缺乏实际内容，无细节刻画；扭转这种令人难堪的认识，就需要各位的努力。我们的努力并非是为了迎合某些报刊的口味，但是，我们至少应当以实际的文学创作，向对方和关注我们的每个人证明自己的实力。我们的文学社和选修课程，还有一大愿望，即关心我们民族国家人民的生存现状，并用我们自己手中的笔来展示生活：这就是前面所说的"文学创作应对生活、对社会和人生有所贡献，而不只是主观上在文学中获得享受"。

或许，有的同学认为这样做的难度很大，其实人生的意义就在于不断地自我超越，在超越之中，原来困难重重的事情，也能渐渐做得好，我们的价值也能得到不断地提升。或许，有人要问这种超越的力量从哪里来？答案就是：从关心世道的人心中来。我们知道，很多人在感慨人心不古、世风日下，实际上，这是对堕落世风的哀求和妥协，大可不必如此。还有人说，世间的不平事怎么那么多，我们如何忙得过来呢？其实这是不争的现实，大可不必一一地去探讨，在任何一个时代，琐碎的现实都是没有办法去探讨的。如果要从琐碎的现实去入手，就必然陷入无限复杂的关联中去。因此，我们必须根植于现实，而且要超越现实，对现实的社会做出自己的那份贡献。

班主任一定要利用有限的时间拓展活动资源，结合学生的兴趣组织开展既有趣味又有品位的各社团活动和兴趣小组活动，开展多种丰富多彩的课外活动。让学生既能通过活动释放压力，又能学到一定的知识，锻炼自己的能力。好的社团活动,不仅能让学生在紧张的学习之余得到合理的身心放松,还能为班级中的每个学生创造表现自己和发挥特长的条件,让每个学生都能发现自己的价值,尤其是能改变某些同学的自卑心理,给他们带来极大的心理满足、施展自身才能的机会。

从学习类活动的角度可组织英语社、文学社、物理小组、化学小组、书法协会、电脑俱乐部等社团。学生社团、兴趣小组同选修课的不同之处在于:它是学生自主活动的团体,从活动内容到活动的组织,都是由学生团体来完成的,班主任和指导教师只是起了协助作用,在实际操作上,一般的学校都将以年级为单位组织这类活动。这时,班主任应该整合年级组的教育力量,充分调动学生参加各类社团的积极性,让学生的自主能动性得到一定的发挥。组织这类活动要注意下面几点:

(一)社团(包括兴趣小组)的成立方面

往往学生社团是由学校的相关部门:如校团委组织成立的,也可能是由学生自行发起组织的。为了让社团在学生中产生积极健康的影响,达到社团的教育意义,其成立就不是随意的,而是必须符合一定程序。学生社团成立之时,必须向班主任或学校提出申请,递交成立学生社团的申请报告,阐明学生社团活动的章程、宗旨、筹备组织机构、负责人的姓名、班级、活动内容、形式、成员范围、数量、成立的必要性和可行性,以及业务指导教师名单和基本情况等方面的情况,获得同意后,方能开始活动。

(二)学生社团应该遵守的纪律

学生社团活动,应以不妨碍校、班的集体活动及正常的教学秩序为原则。一般都不去社会上活动,也不参加社会上的社团,以及成为他们的分支机构。学生社团去校外联系活动,需经过班主任的同意。每位成员应该遵守社团的规章制度,服从相应社团负责人的管理,积极参加每项活动。

（三）社团活动的成效方面

学生社团，应定期组织向班级同学汇报和交流的活动，在条件允许之下，应定期编发社团简讯，及时报道社团的动态，增强社团在班级和校园中的影响。社团之间也可以组织一些联谊活动来加强各社团之间的理解、交流。社团巡礼是一种十分好的交流形式，各个社团既汇报了自己的工作成果，又展示了自己的风采，还大大丰富了同学们的业余生活。

学生社团是培养学生兴趣和发展学生能力的一个重要阵地，班主任应认真思考，积极组织，充分发挥它的阵地作用，达到最好的教育效果。

三、研究性学习类学习活动的设计与组织

20 世纪 90 年代，面对知识经济和科技革命的挑战，世界各国都在考虑"为 21 世纪培养什么人"的问题，为此，美国、英国、日本等发达国家先后进行了教育改革，引发了一场全球性的教育改革运动。2001 年 6 月，教育部颁布的《基础教育课程改革纲要（试行）》首次在新课程计划中，增加了一门必修课——研究性学习。同年 9 月，研究性学习课程同整个新课程一起在全国范围内的小学和初中进行实验。与此同时，教育部要求全国各省市的高中，从 2002 年 9 月 1 日起使用《全日制普通高级中学课程计划》，开设研究性学习必修课。并且，在 2003 年教育部公布的《普通高中新课程方案（实验）》中，规定高中生在三年的学习中必须获得 116 个必修学分，其中研究性学习占 15 学分。开设研究性学习课程，是中国基础教育课程结构的重大突破，标志着中国基础教育的课程价值观及相应的学习方式开始发生本质性的转变。

从狭义上而言，研究性学习是一门课程，是在教师指导下，学生从自然和社会现象，以及自我生活中选择确定的研究专题，类似于科学研究的方式，是主动地获取知识、应用知识来解决问题的一种学习活动。

从广义上讲,研究性学习活动,泛指学生探究问题的学习,可以贯穿在各科和各类的学习活动中,是一种与接受式学习相对应的新的学习方式,强调的是主动探究和自主学习,以及解决问题。这种学习方式,可在校内外的各种教育和教学活动中渗透运用。

研究性学习与学校组织的各种学生活动间存在着很大的联系和相通之处,这两个方面完全是可以相互融合和渗透的。研究性学习,是依托各类学生活动进行的;在各种活动中,经常会体现研究性学习的思想,一些活动的内容,如科技创新大赛,其本身就是开展研究性学习的过程。

研究性学习同普通课程学习的不同之处,主要体现在以下几个方面,这也是组织研究性学习类活动需要注意之处:

(一)强调主体性。研究性学习同各种学生活动,尤其是社团活动等等,都是强调学生的主体性,以学生为本的,活动的主题和设计也是紧密结合学生的现状的。

(二)强调自主性。研究性活动的组织形式是多种多样的,是由学生自主选择,活动的组织形式,除了个体独立形式外,还有合作的形式,联合国教科文组织的报告中,明确提出:"21 世纪教育教学,需要强调一种全球合作精神。"这种合作形式,既有利于培养学生的合作精神,还是根据活动课题的需要、学生的喜好来定的。任何一项学生活动的组织与进行,都需要学生间的合作、竞争,大多数活动的主题就是培养学生学会做人、学会与他人共处。

(三)强调实践性。同传统的教学形式比较而言,研究性学习更加注重学生的实践体验和探究过程。与传统的教育活动比较起来,现在的教育活动已不是简单的说教,而是在一定的教育情境中和一定的活动实践过程中,进一步促进学生获得情感体验。

(四)强调活动空间的宽广性。这两者都实现了对课堂教学空间的拓展,即不受课堂限制,灵活选择活动的场所。课程不再是预定的知识体系,而是一种比较开放的活动进程,具有生成性、建构性。

某班就结合研究性学习开展了一次演讲活动,下面是负责同学的活动感受。

相关链接:"通讯技术"研究性学习演讲准备过程实录

这次的 STS 课上,物理老师给我们班同学布置了一个任务:做一个有关通讯技术的演讲。下课后,同学们就开始忙起来了。

第一步:成立小组

"我们来做个有关什么的演讲合适呢?"

"收音机怎么样? 我们家有好多这方面的资料。"

"好,就这么定了。"

很快,班上就成立了几个大组:有关于 GPS 全球定位系统的,有关于电话和手机的,还有关于电视和电脑的。

第二步:资料整合

组员们都竭尽所能地查找相关资料,从文字说明到收音机的构造图,真的是应有尽有。由于对一些术语名词的理解不透彻,在一定程度上也影响了我们的研究。

另一方面,我们中的一员有套插件玩具,用它可以拼装出收音机的实物模型,且可直接收听节目。

因此,我们就确定下了研究的方向:收音机的工作原理。

第三步:拼装

我们按照图纸的说明进行了收音机的模型拼装。开始拼出的模型,收音效果并不是很好,不仅收到的频道少,而且杂音多。于是,我们换了另一种结构的收音机模型,还换了天线,配了两节新电池,这下效果就好多了,假如把它拿到空旷的操场上去试听,还可以收到更多的频道。

第四步：询问老师

虽然有了实物模型，但我们对收音机的构造还不是很了解。只好手里捧着大叠的资料来问物理老师。老师仔细地看过我们的资料后，开始相关知识的解答。从最基本的电磁波开始，到收音机里的调频和调谐。在老师的讲解下，我们有了一些新的认识。

第五步：交流

模型已组装好，原理也都弄清楚了，演讲的前期准备工作已完成。其他组的准备又是如何呢？我们留心观察了一下，发现其他组也都在认真地准备着。不仅有图文并茂的课件、详细的资料，还自己编制了一个Flash，以便对一些原理讲解得更加通俗形象。看来，我们还要继续努力，多对演讲稿做些修改，以防出现科学性的错误。

第六步：试讲

经过无数次的修改后，我们试着讲了一次，感觉还可以。但是，我们并没有掉以轻心，不仅多准备了几块电池，还准备了几个用来应急的收音机。

第七步：正式登场

刚开始登场时，心里不免有点儿紧张。看着台下同学们都在很专注地听着，向我投来信任的目光，我顿时就不再那么紧张了，开始从容地讲解。边讲解着调频、调幅，边给大家展示收音机上的米波段字符；边现场拼装模型边简单讲解收音机原理。虽然这次模型的收音效果并不理想，但大家对收音机的工作原理都有了进一步的了解。

其他组的汇报也十分地精彩。讲解GPS全球定位系统的那组，将原本复杂抽象的定位原理简化成图形来进行通俗形象地讲解，还应用一个叫Googleearth的软件现场让同学感受GPS的神奇：我们可以从整个地球开始寻找，直到能看见北京飞机场的飞机。

物理老师对我们的汇报成果相当满意。我们不仅通过自己查找资料的方式，获得了大量的知识，还学会了如何同他人合作，此外，拼装模型，不仅锻炼了我们的动手能力，上台演讲，还锻炼了我们的胆量、口头表达能力，真是一种一举多得的实践机会。

从以上的案例可以看出，研究性学习具有开放性、问题性、综合性、多样性、实践性、社会性等特点。通过研究性学习，能培养学生乐于探究、努力求知的主动精神，培养学生综合运用各学科知识解决问题的能力，培养学生收集信息、处理加工信息的能力，发展学生的社会责任感、使命感，通过研究性学习，还可以发展与人合作的团队精神，培养同人交往的实际能力。

对于班主任而言，有一点十分重要，就是要把研究性学习作为一种学习方式，即教师和其他成人不要把结论告诉给学生，学生自己在教师指导下自主地发现和探究问题，获得结论。"研究性学习"这种理念，应该融合学生生活的点点滴滴。在丰富多彩、多种多样、精心设计的学生活动中，打破传统教育的束缚，拓展学习空间，丰富业余生活，陶冶情操，让学生得到整体和谐的发展。

第三节　学习促进类班级活动设计与组织的注意事项

20 世纪的心理学的研究说明了活动对人的心理发展的作用机制。皮亚杰教授认为个体的认识"既不是起因于一个有自我意识的主体，也不是起因于业已形成、会把自己烙印在主体之上的客体；认识缘于主客体之间的相互作用"。但是这种相互作用，是通过一定的中介物来实现的，此中介物就是主体自身的活动。列昂捷夫教授则认为，外部的实践活动是进入内部心理活动的先导，人的心理是在他完成某种外部活动过程中产生的,人是在活动中通过掌握社会经验促进心理发展的。

苏联学者休金娜指出:"人的活动是社会和其全部价值存在发展的本质,是人的生命,以及人作为个性的发展与形成的源泉。教育学离开了活动问题,就不可能解决任何一项教育、教学、发展的任务。"活动是影响人的发展的现实性因素,对人的发展起着一定的决定作用;活动是个体各种潜能和需要展开生成的动力;活动是人的主体性生成的机制。

有一位高一的班主任老师发现:目前班上部分学生的学习效率不高,于是就组织了一次班会活动。经过了一番周折,请来了学校里四位十分优秀的高三毕业生回校,为班上的同学做了相关的讲座,简单的介绍之后,按计划给每位同学 20 分钟的时间,然后讲座开始了。他发现下面同学的积极性却不是很高,有的同学,甚至还做起了作业。因此,他感到十分困惑,因为同学们的学习态度,真的不是很端正的,也有的人表示对自己的学习效率不高,感到很烦恼,那么,为什么对这样难得的介绍,却又没有太多的兴趣呢?

在另一个相同的主题的活动中,同学们的积极性却十分地高。活动的大致内容有以下几部分:

一、主持人引导同学们讨论"7＋1＞8.5＋2－0"的含义,指出含义:七个小时的工作加上一个小时的体育活动所取得的效果,要比八个小时连续工作所取得的效率要高。

二、对学生学习效率的自测如下:

1. 是否注意力只能集中 10～15 分钟?（　　　）

2. 是否会在学习时想入非非?（　　　）

3. 是否经常与他人边学习边聊天,或是常向他人借东西?（　　　）

4. 是否每天都能按计划进行预习?（　　　）

5. 是否时常拖延时间以致无法按时完成作业?（　　　）

6. 是否每科都有固定的纠错本？（　　　）

三、讨论与交流：为什么我的学习成绩没有提高？

四、清华学子谈高效的学习。

五、讲解如何提高记忆力。1.兴趣爱好是提高记忆力的前提。2.理解、复习是提高记忆力的金钥匙。3.适时地休息是提高记忆力的润滑剂。4.科学的记忆方法是提高记忆力的促进剂。介绍记忆方法：(1) 口诀记忆法；(2) 联想记忆法；(3)比较记忆法；(4)特征记忆法；(5)谐音记忆法等等。

六、给同学们的建议如下：每天晚自习前认真反思以下问题：1. 我今天充分地利用时间了吗？2. 我今天上课积极动脑了吗？3. 今天我的作业独立完成了吗？4. 今天，我的班级任务认真完成了吗？5. 我今天主动帮助同学了吗？6. 今天，我不懂的问题都解决了吗？7. 今天，我做无效劳动了吗？8. 今天，爸妈正在干什么呢？9. 今天，我做对不起集体的事了吗？10. 明天，我怎样去改变自己呢？

讲到"提高学习效率"，一些班主任想到的就是经验介绍。诚然，这种活动十分重要，但是，实际的结果往往是学生听了之后没有十分深刻的印象，也不易感受到自己本身问题的所在，更谈不上什么解决方法。而上述这个案例是个成功的班会。从这个活动的几点成功之处，可以总结成功的策划、设计学习类活动需要注意的方面：

一、活动内容的新颖性

活动的主题明确之后，选择的内容要能引起学生的兴趣。如学生并不熟悉上述活动中提高记忆力的一些方法，在活动中设计一些例子和练习会让班会过程比较有趣味。

对于其他的学习类活动，如知识拓展类的活动，可让学生自定课外主题，也可采用研究性学习的方式，不要拘泥于考试内容，应努力拓展学生的视野和激发学生的兴趣。同时,学习促进类的活动,应当让学生在愉快丰富、有意义的活动中学习,它不是学科课程学习的简单枯燥的延续。

从下面例子中会看到,班级组织学习促进类活动的内容应该是十分丰富的:

大家以"爱鸟月"为主题参观了北京师范大学生物标本试验室,并调查了解珍希鸟类资源;以"打好基础,攀登高峰"为主题参观了计算机研究所;以"探索"为主题参观了邮电大学"全息图摄像";以"迈进科学知识的大门"为主题参观了科学电影制片厂,并观看了制作、拍摄、特技全部过程;以"祝贺我国第一部大百科全书出版发行"为题,请编辑为我们作了形象生动的报告,生动的事例激发了同学们的爱国热情;以"学好外语,走向未来"为主题,请外语学院的教授给我们讲解学习外语的意义和方法。为了提高学生的写作水平、指导学生正确地阅读,我们还走进了首都图书馆,访问、参观、学习借书、查阅书目,真正体会"书,是人类进步的阶梯"。从挖掘题材到如何立意,组织了口头作文比赛、阅读体会座谈、评价一篇作品的辩论会等等。

二、活动过程的参与性

学习促进类班级活动的参与性主要表现在以下几个方面:

1.活动组织的主体之一:学生

要在每次活动中让尽可能多的学生参与全部的过程,包括活动的设计和组织、策划和落实。另外,涉及学科知识的,还可以请其他的任课教师参与;涉及学生学习心理问题的,还可以请心理教师参与;涉及学生学习情绪问题的,还可以请家长参与进来;涉及课外专业知识的,也可以外请专家;等等。

2.活动过程的互动性

在活动中,要让学生感觉到自己是活动的主角,并非是班主任、主持人,或是请来的优秀学子。因为需要思考同自己相关的问题,需要积极参与其中的诸多环节,需要与他人进行一定的交流。

三、活动效果的实效性

活动中,组织者设计的环节大多是帮助学生发现自我和了解自我,进而完善自我。如在前述"提高学习效率"的成功案例中,通过这一活动,学生可以找到自己的问题所在,在对自己的学习效率进行自测后,再去听听优秀学子的介绍,才能更好地吸取他人长处,改进自己之不足。通过这一活动,学到了关于记忆的科学知识,并掌握了方法;学到了如何评价自我,进而改变态度。这才是真正提高了自己的学习效率。

第一期的学生讲坛,主题是"相对论",从选题来看是较为成功的,同我们的学习是紧密相连的,是与世界科技的发展、流行趋势有一定联系的。但是,令人不解的是,当主讲人在准备这个讲题之时,是否考虑到了所说的大部分内容能否被大家理解。因为从整体的参与度来看,能听懂并与之产生互动的同学,真的是寥寥无几。从头至尾都只有三四个同学在积极发言,大部分人都坐在台下一脸茫然的样子,甚至,还不断地有同学在发信息,或者是做一些非常不尊重台上主讲人的事,更糟糕的是,迟到现象十分严重,当演讲进行到一大半时,仍有同学推门而入,还有的同学尚未听完,就已经告辞离开。结束后,很多同学还告诉我——我听了一个多小时的"天书"。看似是则笑话,真的让人哭笑不得。想想看:这都是值得活动的组织者、策划者注意的问题。当然,这次的活动也有成功之处,主讲人准备得非常充分,而且相当能言会道,有一定的应变能力,在他的滔滔不绝的演讲中,不难看出他自己是十分喜欢研究"相对论"的,且十分爱思考,有自己的独特见解,这点很令人佩服。

一次学生讲坛,就类似于一次短暂、却需要耗费很多精力的研究性学习。我们需要从选题开始斟酌,选择自己感兴趣的话题,选择大部分人可以参与进来的话题。写到这里,突然想到上次开会时,老师提到的一个课题——看韩流文化。其实,这是个很值得纳入学生讲坛话题的选题,不能说每个人都对它有了解,但至少大家都是有话可说的。而且,当韩国的明星和电视等一起涌入中国市场之时,大多数同学对此已习以为常,更有甚者还非常崇拜。假如我们深入地去思考韩流,就会发现:这已不仅仅是一种现象,更多的是从多个侧面展示了韩国人的文化发展战略,中国文化的发展趋势,不同国度的人对文化的理解……而这一切,正好可以提高我们的文化素养。在我们这个充斥理科思想的校园中,不时来点人文思想作为佐料,不失为一种调节大家疲劳情绪的极佳办法。

(一个学生对学生讲坛类活动实效性的考虑)

四、活动总结的提升性

成功的活动会给学生带来深深的思考和震撼,让学生在活动中获得感动。进行活动总结要与活动相适合,作总结的人可以是嘉宾,也可以是同学或者班主任;总结形式可以是文字感受,也可以是作品展示和行动;可以体现在活动中,也可以在活动之后的延伸中。总结反思的意义在于提升工作能力的良好意识,培养学生进行自我教育,使班级活动的开展可以不断地进步,并达到预期效果。

此外,每次活动结束之前,都要对活动的整个过程进行总结反思:是否在围绕目标开展活动,活动中的参与状况,情感、态度、价值上的收获等等,让学生在总结中提升认识,不断完善改变自我。

第四章 社会适应类集体活动的策划

联合国教科文组织的文件明确指出,21世纪教育的使命是:帮助学生学会学习、学会做人、学会做事、学会共处。未来的社会需要社会化发展的人才,所谓社会化,就是作为个体的自然人成长为作为群体成员的社会人,并逐步适应社会生活的过程。

班级活动的有效设计与组织对个体社会适应能力的培养尤为重要。本章对社会适应类班级活动的内涵和作用以及现状加以详尽的论述,对三种最具影响力的社会适应能力,即个人习惯的养成、人际交往的能力、社会实践能力,通过班级活动案例呈现的方式作了具体的阐述和分析。

第一节 社会适应类班级活动的概述

这类活动是对学生进行全面发展教育的载体。认识社会适应类班级活动的内涵、作用、现状,对教师具有十分重要的指导意义。

一、社会适应类班级活动的具体内涵

"人的本质,其并不是单个人所固有的抽象物。在现实性上,它是一切社会关系的总和。"这是马克思对人和社会关系的论述。个体要适应社会,就需生成适应社会的能力。社会适应能力,是指个体对其周围的自然环境、社会需要作出反应的能力。社会适应类的班级活动,就是在学生真正踏上社会、融入社会前,引导学生逐步生成适应社会的能力,懂得自己的需要要切合社会实际,自己的行为要符合社会的共同规范,并能掌握独立处理社会生活中出现的问题的能力,以便达到个体同社会间的平衡、和谐、统一。在这个活动中,应注重三方面能力的培养,即良好的个人习惯、较强的人际交往能力、一定的社会实践能力。

每个个体都必须生活在社会群体中，养成良好的个人习惯对发展自我和适应社会有着十分重要的意义。可以说，养成良好的个人习惯是个体走进社会、融入社会的最根本基石。在日常生活和活动中，在工作、学习、劳动中，个体无时无刻不在和他人发生联系，没有人际交往，人也就没有了他的社会属性。

人才培养的规格、要求，是伴随社会的发展不断地更新改变的，教会学生适应社会和适应变化的思想，应该要贯穿始终。教师应有目的和有计划地组织设计丰富多彩的社会适应类的班级活动。

二、社会适应类的班级活动的作用

开展社会适应类的班级活动，就是为学生拿到"生活通行证"做一定的准备。如果一个人没有良好的社会适应能力，就会对其身心健康、精神发育带来危害，进而还会影响到个人发展。具体来说，这类活动的开展有以下几个作用：

（一）帮助学生养成良好的习惯，促进其自我完善

叶圣陶说过："好习惯养成了，一辈子受用；坏习惯养成了，一辈子吃它的亏，想改也不容易。"大多情况下，人们都渴求上天赋予自己高智商，喜欢拥有大智慧，但是却往往忽略了最大的智慧，恰恰就是貌似不起眼的良好习惯。有学者对148名杰出青年的童年与教育进行研究后发现：他们之所以杰出，其中良好习惯、健康人格是最重要的原因。在这148人的身上，集中体现出了6种人格特点：1. 坚强的意志力；2. 自主自立精神；3. 非凡的合作精神；4. 鲜明的是非观念、正确的行为；5. 选择良友；6. 以"诚实、善良、进取、自信、勤劳"为做人的基本原则。许多实例都很好地证明了：从小养成的良好习惯，会伴随人的一生，时时处处都在起好的作用。诚如世界著名心理学家威廉詹姆士所说的那样："播下一个行动，收获一种习惯；播下一种习惯，收获一种性格；播下一种性格，收获一

种命运。"

习惯是成功人生的铺路石,是成就事业的指南。每个教师都应重视学生良好习惯的养成,在形式多样的班级活动中,让学生感受生活、语言、交往等习惯养成的重要性,让学生能获得教师对于各种习惯养成的悉心指导,能在相互督促下循序渐进地改变坏习惯,进而不断地完善自我。

(二)帮助学生营造和谐的人际关系,促进其个性发展

交往,主要是交流信息和相互作用的社会过程,由交往主体、交往内容和交往双方积极参与的活动,三个最基本的要素构成。心理学家的研究表明:一个人的成功,专业知识、业务能力固然重要,但是人际关系的分量竟然占到七八成以上,可见其决定性的影响力。

在人生道路上,有三大人际关系需要精心经营:1. 亲缘关系。包括父母、夫妻、兄弟姐妹、叔叔阿姨等亲属。2. 学缘关系。同学之间的关系是纯情年代结下的深厚友谊,很多人的成功都是得益于同学的帮助提携。3. 业缘关系。处在同一行业内的同事和伙伴,由于业务和工作的关系,在日常生活中的接触是最多的。古人云:"远亲不如近邻。"无数事实都证明了,你身边的人对你是最重要的。业缘关系,可以在工作和生活上让人受益。放眼现实社会,独生子女已经占据了很大比例,钢筋水泥、高楼深院似乎给他们构筑了无数个小笼子,在与电视、电脑、游戏机的亲密接触中,他们和他人的交往大大地减少了。绝大多数的独生子女身上都存在着考虑自己多、关心他人少、任性、不合群等特点。权威专家指出,人际交往在孩子们的成长中占据着十分重要的因素,尤其是"关键期"——孩子的少年时代,亲子关系、师生关系、同学关系的紧张、疏离,都会直接影响到孩子性格的发展、品质的形成。美国著名心理学家卡耐基认为,一个人的成功 30% 是靠才能,70% 靠的是人际关系。

交往活动的本身是具有群体性的动态特性,它是在一定的情境下,由参与者相互合作和沟通后,获得的愉悦体验。因此人际交往活动,是

有效培养学生人际交往能力的最主要途径。其作用主要体现在以下几方面：

1.人际交往活动会促使学生的身心健康发展

在成长过程中,青少年会面对一些新的环境、新的对象、紧张的学习生活,部分人会因此而导致心理矛盾的加剧。这时,开展各种交往类的班级活动,如"十五年后的我"之类的畅谈会、"我的酸甜苦辣"的倾诉会等,都能促进学生身心的健康发展,有利于他们形成良好的个性品质。身心健康、个性良好的主要表现是:(1)精神愉快、情绪饱满、充满信心,始终保持乐观的人生态度;(2)和谐、友好、协调地进行人际交往,懂得对不良情绪、情感的控制和有效发泄;(3)积极地丰富自己的精神生活,主动地融进集体生活中去。

2.人际交往活动是学生成才的重要保证

一个人的智慧同他的社会适应能力是相辅相成的。孔子曾说:"独学而无友,则孤陋而寡闻。"人际交往活动是交流信息和获取知识的最主要途径。通过人际交往活动,可以相互传递、交流信息,让自己丰富经验、开阔视野、增长见识、活跃思维、启迪思想;提高对自己和对他人的认识,从对方对自己的反应、评价中认识自己,在别人的理解同情、关怀帮助下达到一种自我完善。

(三)指导学生掌握参与社会实践的技能,促进其能力的提升

人在其一生中接受的教育的途径大致来自于三大方面:家庭、学校、社会。其中,学校教育接受的大部分是理论上的东西,必须要经受社会实践的检验、丰富、充实,才能被学生消化吸收,变成真正对其有用的东西,反过头再服务于社会。否则,书本上的知识只能停留在纸上谈兵的层次,体现不了其实际价值。"纸上得来终觉浅,绝知此事要躬行",南宋著名诗人陆游的这一传世名句,尤其强调了做学问,要把功夫下在哪里。

教师组织社会实践类的活动,学生要亲自参加实践活动,才能按照

学校培养目标的要求,走出课堂,大胆地步入社会中去了解社会、感悟人生、成才立业。具体地说,就是要求学生参加社会实践,其意义可概括为以下几点:

1.有利于学生了解国情和社会,增强他们的社会责任感、使命感

如今学生,大多是在书本知识中成长起来的,对国情、民情的了解却甚少,而社会的复杂程度远不是读几本书、听几次讲座、看几条新闻就可以全面了解的,社会实践活动可以为他们打开认知的窗口。

2.有利于学生正确地认识评价自己,对成长产生紧迫感

通过广泛的社会实践活动,可以让学生看到自己同社会需求间的差距,看到自身知识和能力上的不足,客观地去重新认识和评价自我,逐渐摆正个人与社会环境、个人与社会群体的位置。

3.有利于学生对理论知识的转化、拓展,增强其运用知识解决实际问题的能力

社会实践会使学生接近社会、自然,获得大量的感性认识,以及很多有价值的新知识,同时使他们能够把自己所学的理论知识、接触的实际现象进行对照和比较,把抽象的理论知识,逐渐转化为认识、解决实际问题的能力。

4.有利于增强学生适应和服务社会的能力

社会实践活动,让学生更加广泛地接触社会、了解社会。不断地参与社会实践活动,在实践中不断地动脑、动手、动嘴,培养锻炼学生实际的工作能力,且在工作中发现自身的不足,及时地改进提高,使之更快地更新知识结构,获取最新的知识信息,进而适应社会的进步。

5.有利于发展学生的组织协调能力、创新意识

社会实践活动,并没有类似课堂教学的太多的束缚和校园生活的限制,学生们的积极性会得到充分的调动,兴趣高涨,思维也会空前活跃,往往会生出创造性的火花。

6.有利于提高学生个人素养,完善其良好的个性品质

社会实践活动的现场是考验学生修养品性的最好环境。实践活动,会使学生逐渐养成坚韧、顽强的优良品性,养成务实的学习态度、生活作风,不断提高自我、完善自我。

正如一句谚语说的那样:"我听到的会忘掉,我看到的能记住,我做过的才真正明白。"总之,参加社会实践活动,有效地开展班级活动,能够促进学生社会适应能力的提高。如果一个人能够用良好行为去亲近他人,用良好的人际关系去感染他人,用卓越的实践技能征服他人,就会有利于他的健康发展,有利于他的自我意识的完善,有利于其克服困难,促进其事业的成功,并实现其人生价值。

三、社会适应类班级活动的现状和具体分析

(一)"重教学、轻教育"的不良倾向让活动不能深入地展开

以社会适应类的班级活动而言,它是一项完善人的内心世界、规范人的外在行为、培养人的创新才能的活动。人际交往的复杂性,习惯养成的长期性,社会实践的创新性,都需要教师倾注十分多的时间精力在这类的班级活动上。

但是,因为诸多方面因素的影响,教学界出现了"重教学、轻教育"的不良倾向。很多教师都明白活动的重要意义,却迫于升学等的压力,在教学与教育两者上倾斜于前者。具体表现为:1. 即使是开展活动,也是偏重于认知教育,却淡化了实践体验,流于"蜻蜓点水"的形式,一带而过,导致学生的热情、积极性难以被激发,影响了活动的效果、意义;2. 活动是需要组织分工和群体参与的,面对重课业的现状,很多活动都难以真正地面对全体学生,对于活动全过程的指导检查,教师就会显得力不从心,无法将真正的情感投入于活动中。

(二)班级活动的成效受到教育目标不一致的制约

总是听到有教师在抱怨:"在学校里,我们费尽心思地教育和培养学

生,但是家长就是不配合,因此教育就难见成效了。"的确,教育活动往往会受到家校教育目标不一致的制约。教师说要在家里积极地做家务,但是,家长却怕影响了孩子的学习,样样都包办代替;教师鼓励学生在课余时间多和朋友们交往,但是,家长却把孩子关在了家里不停地读书……学校倡导培养全面发展的人才,但是家长却一门心思地指引孩子朝着重点学校的大门迈进。

著名儿童心理学家约兰达乌达内塔指出:"并不是在所有的儿童身上都会出现独生子女综合征。但是,如果孩子身边有位给他系鞋带、穿衣服,为他解决一切问题的细心母亲,那么,孩子在感情方面就很难成熟起来。父母应该爱孩子、保护孩子,但是却不能过度。应该让孩子知道世界上并非只有他自己。"据美国卡内基工业大学对1万人进行分析研究后发现:15%的成功者,都是由于技术熟练、聪明、工作能力强,85%的成功者主要是由于具有良好的交往能力。随着社会的发展,人际交往的功能会越发显出其重要性,父母必须重视对孩子交往能力的培养,同学校的教育目的保持一致,让孩子更好地适应社会发展的需要。

第二节 社会适应类班级活动的设计与组织

以班级为单位开展社会适应类的活动,有利于促进班级内的交流,有利于相关社会适应知识的普及,有利于有步骤地将活动深入和推进。以下所谈的就是社会适应类班级活动的设计与组织的要点,请广大的教师积极参考。

一、习惯养成类的班级活动的设计与组织

习惯养成类的班级活动重在对学生各种习惯养成的指导、训练、认知,从内容上看,包括人际交往习惯、生活习惯、上网习惯、学习习惯等方面的内容。人际交往习惯的养成活动,是指引导和培养学生形成适应社

会生活状况,愉快调整与周围环境关系的能力的活动。良好的人际交往习惯是未来人才适应社会必备的基本素质,这是驾驭生活、完善自我的一种能力。良好的人际交往习惯包括礼貌待人、尊重他人、平等地与他人交往,掌握一定的交往技巧。生活习惯的养成活动是依据学生身心发育的特点,科学地引导和进行练习,形成良好生活常规和生活自理能力的活动。活动内容可涉及学生的饮食习惯、卫生习惯、起居习惯、与个人生活有关的行为习惯等等。生活习惯多数是在幼儿时期养成的,随着学生年龄和学段的改变,教师应该通过活动及时引导学生调整原有的生活习惯,这不仅关系到学生的身体健康,而且关系到学生自信心、意志品质、交往能力等的培养。

当今时代,是个高科技的互联网信息化时代,已成为我国网民主体的学生越来越习惯到"网上"去获取信息。网络是信息的宝库,也是信息的垃圾场,深刻地影响并潜移默化地改变着学生的情感、认知、思想、心理。上网习惯的养成活动,除了指导学生掌握网络操控的技能性训练之外,更多的是引导学生选择有益的思想认知性活动,养成上绿色网、文明网的好习惯,营造健康的生存环境。学习习惯的养成活动包括喜欢提问、喜欢探索、勤于思考、控制自己、注意倾听、有良好的阅读习惯、关注周围生活的变化等等。

以下,我们来结合几个案例谈谈习惯养成类的班级活动的设计与组织。

相关链接:"好习惯伴我行"养成教育活动方案(适用于一至九年级)

一、活动目标

(一)进行做人习惯的养成教育

低年龄段(一至三年级):要求学生语言文明,衣着整洁,会用礼貌用语,能讲普通话,能和同学友善相处,并尊敬师长。

中年龄段(四至六年级)：要求学生诚实、不说谎话、衣着美观、语言文明、不说脏话、热爱集体、团结同学、尊老爱幼。

高年龄段(七至九年级)：要求学生的言谈举止要符合学生的身份、衣着得体、为人正直、乐于助人，具有强烈的爱心，遇到挫折不灰心不气馁。

(二)进行学习习惯的养成教育

低段(一至三年级)：要求学生按时上学，不逃学，专心听讲，回答问题时要声音响亮，书写工整，姿势正确。

中段(四至六年级)：要求学生上学不迟到、不早退，课前准备好学习用品，乐于动手，善于观察、思考，倾听别人的发言，作业认真整洁。

高段(七至九年级)：要求学生有事有病要请假，放学后按时回家，课前预习，课后认真复习，勤于自学，能采取多种方法阅读和总结。

(三)进行生活习惯的养成教育

低段(一至三年级)：要求学生勤剪指甲，勤洗澡，勤换衣服，做到饭前便后洗手，认真做好广播体操和眼保健操，爱惜粮食，不做危险游戏，不吃零食，不乱扔果皮纸屑。

中段(四至六年级)：要求学生节约水电，做到早晚刷牙，坚持做好广播体操和眼保健操，注意安全，防火，防水。

高段(七至九年级)：要求学生不乱花钱，不比吃穿，坚持参加体育锻炼，不吸烟，不喝酒，不赌博，懂得如何防触电和中毒，遵守交通法规，保持教室和校园整洁。

(四)进行劳动习惯的养成教育

低段(一至三年级)：要求学生自己的事情自己做，做好值日工作，主动拾果皮纸屑。

中段(四至六年级)：要求学生学会洗碗、扫地等家务，衣服物品要摆放整齐，学会简单的种植，能认真做好值日工作。

高段(七至九年级):要求学生会做收拾房间、洗衣等家务,积极参加学校组织的各种劳动,经常参加社会实践,保护环境。

二、活动的安排

第一阶段:宣传和发动。

1.制定"好习惯伴我行"的活动方案。

2.出一期板报,办一次红领巾电视专题节目。

3.制定"好习惯评比细则"、"学生行为规范达标班级考评细则"。

第二阶段:组织和实施。

1."好习惯伴我行"开始启动仪式,发出倡议。

2.开展"好习惯我能行"的活动讨论。在分组讨论的基础之上,各组推选代表谈谈自己参与"养成好习惯"教育活动的做法、感受。

3.好习惯,我监督。举行好习惯监督员招聘会,公开招聘好习惯监督员。通过同伴推荐、自我介绍、好习惯展示自我风采,由师生共同推选出班级的好习惯监督员。

4.好习惯讲坛。邀请教师、家长对学生讲解文明礼仪和必要的交往规则,使学生树立起正确的为人处世的行为观念,提高学生的社会化水平和社会适应性。

5.写"养成好习惯"日记,并参加征文活动。布置学生进行记录、总结、回顾自己每一步的变化,体验养成好习惯的诸多快乐,以此来督促他们改掉坏习惯,养成好习惯。

6."唱响好习惯歌谣"比赛。组织动员学生准备3～5分钟关于养成习惯的歌谣,进行歌谣朗诵比赛。

7."好习惯"明星评选。根据学生行为习惯的情况,评选每月的好习惯小明星,并在此基础上,通过全班学生投票评选出本班的好习惯学期明星。

人的一生中,需要养成各种各样的习惯,尤其是小学和中学阶段,是习惯养成的重要阶段。从上面的案例可以看出,教师在设计任何一个习惯养成活动方案时,都应有明确的活动目标,细致地将教育目标具体化,并根据学生不同的年龄特征和认知水平,逐步推进好习惯的养成。设计单个习惯的养成方案时要遵循"好习惯我养成——好习惯我能行——好习惯伴我行"的规律,将活动设计成系列性的活动,引导学生按要求去做。要长期坚持,从常规和长期去抓,并反复地去抓,并进行相应的实践性训练,发挥老师、家长、学生经常性的监督、检查作用,通过书写感受、比赛、评选等方式感受自己的收获和体验,养成好的习惯并加以巩固,从而把常规要求转化为健康的心理品质,转化成良好的行动习惯,为逐渐适应社会打下一定的基础。

相关链接:铅笔寻亲记

"马老师,我捡到一枝铅笔!"刚一走出办公室,我就被迎面而来的学生撞了个满怀。接过他捡到的那枝铅笔,随即,我就走进教室去找铅笔的主人。孩子们都一脸木然,铅笔无人认领。无奈之下,我把铅笔放进了讲台的抽屉里。

接下来的几周,同样的事情也时有发生,看着那么多的铅笔,我的脑海里不停地"搜索",想起了开学以后发生的一些事:午餐时,丽丽随手把一个没吃的馒头丢进了垃圾桶;美术课上,常有个别的学生忘带或少带用具……当时这些都未引起我的重视,现在想起来,这些问题还真的是不容小觑。因此我暗下决心,一定要巧妙地搞个活动,帮这些可怜的小铅笔找到自己的主人,一定要让小铅笔的主人们懂得重视和爱惜它们。

精心设计后,活动就在一节自习课上开始了:学生们埋头写作业,我拿起一支写着我名字的笔轻手轻脚地走到教室的中间,佯装蹲下去系鞋带,并迅速地把笔抛到了学生的课桌底下,然后故意大惊小怪地叫道:"我的笔怎么不见了,快帮我找找!"顿时,教室里像炸开了锅一样,大家都开始进行地毯式地搜索。很快笔就被找到了。按计划之中的进行,我进入了"现身说法",告诉大家:老师对每样为自己服务的物品都是很爱惜的。然后,活动进入了主题讨论:"对于这些小小的铅笔,你们有什么想法呢?"立刻,学生们开始纷纷议论了,大多数学生的想法都在我意料之中——小小的铅笔丢了真的无所谓。

我对学生们讲述了一枝小铅笔制作的复杂过程,感慨着铅笔倾注了制作工人无数的汗水和心血。教室里十分地安静了。我继续问:"这还只是铅笔的制造过程,它又是怎么到大家手里的呢?"有位学生道出了铅笔的来历,随即,我将话题转向"父母辛苦赚钱为我们购买学习用品"。李多同学对我们讲述了他的父母的辛劳,我看见有几个学生的眼圈都已经红了。这时,我语重心长地说:"是啊,孩子们,每件事物都是来之不易的,也许你身边的很多事物并不起眼,但是却都倾注了汗水和心血,我们应该懂得珍惜身边的每一件事物,懂得尊重别人的劳动成果,这也是给所有爱你们的人的一种回报。"从学生们的表情和话语中,我看出这番对话对于学生们的作用是很大的。

然后,我又拿起那些铅笔高高地举起,一个孩子站起来说:"老师,让我来做铅笔的新主人吧,我会好好爱惜它的。"于是,孩子们一拥而上,那些掉了色的铅笔、半截的铅笔,都被孩子们认领回去了,他们把铅笔如获至宝地捧在自己的手里。所有的铅笔都找到了主人,我开始引导学生如何爱护好铅笔。贴名字,套上特制的笔套……学生们都神采飞扬,美妙的构想让我感受到了活动成功的快乐。

首先,这个活动告诉我们,教育来源于生活,不经意间发生的生活中的事情都有可能成为最有价值的教育资源,教师一定要善于捕捉教育契机;其次,活动的设计组织要适时、适人,把精心设计的活动安排在自习课上,且是随着老师的"精彩表演"引向深处,完全没有了单纯为了教育来教育的痕迹,可谓是"随风潜入夜,润物细无声";再次,活动中凸现了师生思想的碰撞,由物及人,再由人及物,入情入理,环环相扣。整个活动似一股清泉流进了学生们的心田,浇灌出的一定是好习惯的养成之花。

另外,教师要明确一个最基本的宗旨:在班级管理中,对学生提出要求的同时,伴随着的就是活动的展开,要求以活动效果为目的,通过活动过程来完成。如要求教室卫生做到"洁净",这两个字的背后涉及关于劳动习惯的养成。要求教师开展系列性的班队活动,如:1."洁净班级我的家"讨论会,目的在于引导学生明白自己在班中的角色及劳动的重要性。2."教室洁净我知道"辩论赛,在于引导学生要知道洁净需要怎样做,怎样才能做得更好。3."劳动能手榜"竞争的活动,这个活动具有激励性质,在设计整个活动计划的时候,要提前告知学生,以此激励学生积极投入活动。这种激励贯穿于活动的始终,既可以对学生劳动技能和劳动态度加以考评,又能让学生体验到劳动的快乐,逐步养成良好的劳动习惯。4."我能行"技能大比拼,主要是训练学生的劳动技能,让队员在家在校通过一段时间的指导训练,在班级里展示自己的劳动技能,一方面让学生通过竞赛增强自信心;另一方面让学生在相互的比拼中学到更多的劳动技能,感受到劳动的快乐。

二、人际交往类班级活动的设计与组织

每个人每天都生活在社会关系之中,因此人际交往能力的培养是十分必要的。它关系到人的生活质量、生活状态。人际交往类班级活动是侧重帮助学生了解交往原则、调整交往心态、掌握交往技能的活动,应从以下方面去入手:

(一)在转折期的适应活动

告别幼儿园,进入小学,从小学进入中学,从中学迈进大学,对于每个学生来说,每个时期都是人生的转折期。每次转折,都是走进了一个陌生的环境——新的校园、新的学业、新的人际群体。在转折的前期,要通过活动,让学生做好适应新生活的一切准备,这主要是指心理上的准备;进入新环境后,要引领学生及时地熟悉环境和人,还要熟悉新的学业。值得关注的是中学生,他们正处于人生的起步阶段,世界观和人生观正在逐步形成,脱离家庭、独立生活的能力也开始增强了,他们希望与人交往,提高自己为人处世的能力,希望与周围的人和睦相处。但是,由于中学生是从学校到学校,从课堂到课堂,并没有迈进社会,因此他们缺乏与人交往的经验。有的学生,甚至还会为错综复杂的人际交往所困惑,在一些场合会感到手足无措,无所适从;有时,有的同学还会为自己不擅交往带来的后果而感到苦恼、自卑,这些都严重地影响了自己的心理平衡。

基于上面的情况,教师就很有必要在学生进入转折期的开始阶段,组织一些探析学生心理状况的活动,在活动中正确引领大家。了解学生人际交往情况的方法很多,组织学生进行相关的人际交往测试是最简单的方法。通过这样的活动,可以让学生正确认识自己,也是给教师提供活动主体的第一手资料,以便更深入地组织以后的活动。先来作个小小的测试,了解一下自己的人际交往情况吧。

相关链接:人际关系行为困扰的诊断测量表

这是一份人际关系行为困扰的诊断测量表,共有 28 个问题,在每个问题上,选"是"的打"√",选"非"的打"×"。请认真完成,然后,再去看后面的计分办法和对测验结果作出的解释。

1. 和陌生人见面感觉不自然。

2. 关于自己的烦恼有口难言。

3. 过分地妒忌美慕别人。

4. 和异性交往很少。

5. 对连续不断的会谈感到不适应。

6. 在社交场合会感到紧张。

7. 时常会伤害到别人。

8. 与异性来往会感觉很不自然。

9. 与一大群朋友在一起,常会感到孤寂失落。

10. 十分容易受窘。

11. 和别人不能和睦相处。

12. 不知道与异性相处如何做到适可而止。

13. 当不熟悉的人对自己倾诉他的生平遭遇时,自己常感到不自在。

14. 担心别人对自己会有坏印象。

15. 总是尽力让别人赏识自己。

16. 暗自倾慕异性。

17. 总是避免表达自己的感受。

18. 对自己的仪表(容貌)没有信心。

19. 讨厌某人,或被某人所讨厌。

20. 看不起异性。

21. 不能专注地倾听别人的谈话。

22. 自己的烦恼无人可说。

23. 受到别人排斥、冷漠。

24. 被异性看不起。

25. 不能广泛地听取各种意见和看法。

26. 常因受伤害而暗自伤心。

27. 常被别人谈论和愚弄。

28. 与异性交往不知要如何更好地相处。

评分标准:打"√"的给 1 分,打"×"的给 0 分。

测查结果的解释和辅导:

如果得到的总分是在 0~8 分之间,那么就说明你在与朋友相处上的困扰较少。你是善于交谈的,性格较开朗,主动关心别人,对周围的朋友都比较好,愿意和他们在一起,他们也都很喜欢你,你们相处得十分融洽。而且,你能够从与朋友相处中得到很多乐趣。你的生活是充实而且丰富多彩的,你与异性朋友也相处得很好。总之,你不存在或较少存在交友方面的困扰,你善于和朋友相处,人缘特别好,获得许多人的好感、赞同。

如果得到的总分是在9~14分之间,那么,你与朋友的相处就存在一定程度的困扰。你的人缘很一般,换句话说,你和朋友的关系并不是很牢固,时好时坏,经常处在一种起伏波动的状态中。

如果得到的总分是在15~28分之间,那就表明你在同朋友相处上的行为困扰比较严重;分数超过20分,就表明你的人际关系的行为困扰程度相当严重,而且在心理上出现较为明显的障碍。你可能不善于与人交谈,也可能是个性格孤僻的人,或者有明显的自高自傲、讨人嫌的行为。

除了以上的测试量表外,教师还可以根据活动的主题搜集一些相关的量表,组织学生进行测试,及时掌握学生的心理动态,然后展开更有针对性、更有效的班级活动。需要说明的是,用量表进行人际交往的测试,对小学高年级以上的学生十分适用。对于年龄较小的学生,则可以采用问答式的调查方法。班集体建设的权威唐云增老师曾教过一个方法,就是交友图表法。具体操作为:

1. 设计一个问题:在班级中,你最要好的朋友是谁? 2. 学生将问题的答案,即最要好朋友的名字写出来。 3. 教师绘制交友图表:按班级学生人数画圈,在圈中一一写下每个学生的姓名,然后根据学生的答案,用箭头将双方进行连接,如"学生甲"最要好朋友是"学生乙",那箭头由"学生甲"指向"学生乙"。 4. 分析:绘制结束后,很容易就能看出学生的交友情况,有的学生互为好朋友,有些学生的好朋友集中为一个人,有的学生可能是没有一个朋友。一旦这种图表完成,除了能让教师对学生的交往情况有所控制,还能成为今后活动中的角色定位、人员分组、任务指派的合理依据。

（二）个体、群体间交往的适应活动

伟大导师马克思说："一个人的发展,取决于和他直接或间接交往的其他一切人的发展。"交往按照学生个体的活动空间可划分为:学校、家庭、社会三大空间。不同空间里的交往对象各不相同,在学校里是和老师、同学交往;在家里,是和父母等亲人交往;在社会上,是和众多的陌生人交往。三者相互比较之后,可以看出,家庭的交往对象较为固定,且已经生活了数年,熟知度比较高;学校交往的对象,则变成了相同年龄或相近年龄的伙伴和"传道、授业、解惑"的师者,人数增至数十人、数百人;社会交往的对象,往往是陌生者居多,且情况多变、环境多变。不管是交往的内容和参与的活动如何变化,只要交往主体能保持良好的交往心态,恰当地运用交往技巧,就能在交往中发展自我,愉悦彼此。

教师要有针对性地展开群体交往活动,重在引领学生进行和谐的交往,用最佳的交往心态配合技巧性的方法,体验交往的无限乐趣。一般地说,学生的人际交往能力的培养不是一蹴而就的,教师需要对全班学生的个性,以及目前的交往情况进行调查了解,然后再有的放矢地组织明理导行、体验感悟的一系列活动,促使学生交往心态的调整、交往技能的掌握。

下面,通过一组相关的活动阐述一下这类班级活动的设计组织。

相关链接:拥抱诚信

一、活动的目的

1.通过活动让学生明白什么是"诚信",诚信的意义。

2.将"诚信"教育融入到学习生活之中,努力将言行付诸行动,对任何人和任何事都要时时处处讲诚信,做个受人欢迎的人。

二、活动的准备

1.学生查找有关诚信的小故事和格言。

2.排练小品和诗歌。

3.让学生阅读《中华传统美德故事精髓》。

三、活动的过程

中队长讲话:讲明诚信是一种"德行",是一种人际交往中不可或缺的美德,它在人的一生中都是十分重要的角色。

(一)呼唤诚信(懂得为何人要讲诚信)

1.有关诚信的格言:

大海是冬季的礼拜堂,背信是地狱的礼拜堂。——雨果

内不欺己,外不欺人。——弘一大师

真诚是伪善的天敌,它能赢得所有人的心。——莎士比亚

虚伪的真诚,比恶魔更可怕。——泰戈尔

2.讲诚信故事:《狼来了》、《手捧空花盆的孩子》,听完后让学生代表谈感想。

(二)感悟诚信(懂得诚信究竟是什么)

1.欣赏小品《大圣的选择》。

(故事梗概:因为保护唐僧取经有功,如来许诺满足他一个愿望。悟空决定做个凡人。如来让大圣在"诚信、金钱、美貌、荣誉"中选择,大圣想选美貌,可想起铁扇公主的恶毒,就决定不要了;想要金钱吧,可想到女儿国的国王,虽然有钱但却并不快乐,也就舍了金钱,如果要荣誉,就是做神仙了,于是,大圣要了诚信——对,要做个有"诚信"的人。)

2.欣赏快板《抉择》。

人生的小舟,哪堪重负,有得有失,有弃有取;失去了健康,我们有才学追随;失去了美貌,我们有健康做伴;失去了才学,我们有机敏相伴,而失去了诚信呢? 我们便成了水中月、镜中花,如过眼云烟,终会随风飘走。

3.即兴诗朗诵《话说诚信》(用朗诵的形式说出自己对诚信的理解)。

(三)走进诚信(懂得如何做才叫诚信)

1.讨论:作为小学生,我们应该如何做到诚信呢?

2.写下不诚信的行为,简单地写写自己的体会。

3.交流,丢弃不诚信(把有过的不诚信的行为扔在废纸篓里)。

四、辅导员讲话

诚信是一种做人的品质,是与人交往的基石,是个人成就事业的根基。诚信待人、诚信交友,那么我们的生活中,就会处处有阳光,处处有快乐,处处有朋友。

《拥抱诚信》这一班队活动,围绕着交往的一大原则"诚信"展开,安排了"呼唤诚信"、"感悟诚信"、"走进诚信"三大内容,穿插了形式多样的活动环节,目的就是让大家在看、听、说、想等自主的思维中,去感悟诚信在人际交往中的重要性。这种活动是人际交往能力提升的基础,可以将这类活动称之为"明理类活动"。明理,就是要让学生从思想上领悟交往的原则,包括"相容"、"平等"、"互利"、"信用"、"宽容",真正做到:1. 以朋友的身份进行交往;2. 与人相处时容纳、忍让,主动与人交往,广交朋友和交好朋友;3. 交往时要讲付出和奉献;4. 交往时要诚实不欺、信守诺言;5. 对非原则性问题,不能斤斤计较,能够以德报怨、宽容大度。

相关链接:"成长·交往"(中学生的交往)主题班会

一、活动的目标

1.认识到生活在社会中的人必须要学会与他人交往,这是人类群体生活所决定的。21世纪,人更需要学会交往。

2.中学生交往的主要对象是老师、同学、家长。

3.掌握正确处理好与同学、老师、家长间的关系的技巧,提高自己的交往能力。

二、活动的重点

重点启发学生注意提高交往的技巧,包括如何在家与父母相处,如何在校与老师和同学相处,如何在校外与他人相处。

三、活动的形式

讨论、小品。

四、活动的准备

1.确定活动的主持人,认真做好主持过程的准备工作。

2.编排小品剧。采取自愿报名的方式,编写小品内容、表演形式,提前做好相关的排练工作。

五、活动的过程

主持人:自从呱呱坠地起,我们就开始生活在社会之中,最初接触的是父母,然后就是亲戚、邻居、幼儿园的老师……随着年龄的增长,交往圈也越来越大。中学生交往的主要对象是父母、同学、老师,此外,还有社会中的其他人。人为什么要和他人的交往,在人与人的交往过程中,应掌握哪些技巧,才能建立一种和谐的人际关系呢?这是我们本次班会探讨的主题。"中学生成长·交往"主题班会,现在开始。

(一)表演小品剧

1.《母女俩》。主要剧情:母亲生病,孩子却不闻不问,只知道向母亲要零花钱,母亲对孩子进行教育,态度却有些粗暴简单;孩子不能接受,对母亲进行顶撞,狠狠地甩了下书包,就离家而去。

2.《考场上发生的事情》。主要剧情:考场上,有一道题,学生甲不会答,就偷看同桌学生乙的卷子,于是,乙就将卷子合上了,没给甲看。考试结束后,甲指责乙,还用讽刺的语言挖苦乙。乙十分气恼,认为自己的行为是对的,然后就和甲据理力争,双方互相指责,闹得十分不愉快。

3.《师生之间》。主要剧情:课堂上,学生丙看武侠小说,被老师发现后给没收了,但是当老师想给他时,却意外地找不到了。老师认为是学生自己偷着拿走了,学生丙一再解释自己真的没拿走,老师还是不相信;学生丙对老师的不信任十分恼火,于是,就对老师出言不逊……

4.《在商场里》。主要剧情:两个同学去商店买学习用品,柜台前,售货员和其他柜台的售货员正聊得十分火热,于是,就对两个同学不予理睬。在两个同学的再三要求下,售货员才不耐烦地把文具给他们扔了过来,并给了他们个白眼。两人十分生气,转身就走,并骂了句极其难听的话。

（二）讨论、分析

主持人：大家看完了几个小品后，一定会有些感想吧！请思考分析下列的问题，各抒己见。

1.小品剧 1 中的母女各有何不对之处？女儿应怎样对待母亲的教育？当有分歧时，该如何处理？

2.小品剧 2 中的甲乙双方产生冲突的原因是什么？各自应持何种态度才不致伤害友谊？

3.小品剧 3 中的学生丙该如何对待老师的误解？

4.小品剧 4 中的两个同学对那位售货员应采取何种方法，才是最佳的交往技巧？

以小组为单位进行讨论、分析，然后由各组代表进行发言。

（三）改编小品

主持人：请四个小品剧的主人公们按正确交往原则改编小品剧情。（四个小品剧皆以正确方法妥善处理母女间、同学间、师生间，以及与社会上其他人员交往中可能出现的矛盾。）

演出完毕后，同学们报以热烈的掌声表示肯定。

（四）班主任总结

这次活动十分成功，每个同学都积极参与了，讨论时也都在踊跃发言，很多同学能主动反省自己过去在交往中的不足。可以说，今天的这个活动，给我们大家上了堂生动的教育课，希望同学们能像自己在发言中所说的那样，今后，在与家长、老师、同学，及他人的交往实践中，多一分理解，注意站在对方的角度去考虑问题，不断完善、提高自己。这样，无论是在家里，还是学校和校外，我们都可以为自己创造一个宽松、愉快的环境，在这种美好的环境中健康成长。21 世纪的竞争愈加激烈，必须要学会合作，只有善于交往的人，成功的机会才更多，愿同学从现在做起，学会交往的基本技巧，建立起和谐的人际关系。

因为中学生已具有一定的认知水平，以上的活动以表演、讨论为主。

活动一开始就进入不同情景的表演,情节选择具有典型性,涵盖了个人与同学、个人与老师、个人与家庭、个人与社会的人际关系的处理问题。继而,学生进行讨论分析,对小品进行改编,前后两次不同的角色体验,促使学生的心理与角色的心理产生了共鸣,从而有效地进行模仿、掌握了人际交往技巧。这类活动重在方法、技能的引导、训练,因此,我们称之为"导行类活动"。

这类班级活动,目的主要是要让学生掌握人际交往的相关技巧,这些技巧包括:1. 记住他人,主动招呼,称呼得当;待人和气,尊重他人;2. 举止大方,坦然自若,让别人感到轻松、自在,激发交往的动机;3. 培养开朗活泼的个性,让对方觉得和你在一起很愉快;4. 言行幽默风趣,给人以美的享受;5. 做到心平气和,快乐自己并愉悦他人;6. 语言要有魅力,鼓励、安慰、帮助一定要到位;7. 塑造富有主见、处事果断、精神饱满、充满自信的自我,以博得别人的信任,产生使人愿意交往的魅力。

组织这类活动,除了表演、讨论的形式外,还可进行"心理位移"训练,通过心理换位思考之后,就更易体验到他人的情感,便能站在他人的立场上去考虑问题、做好事情。游戏体验是常见的活动形式,适合于任何年龄层次的学生,体验感悟、愉悦情绪、培养品格都能在游戏中得到发展。尤其是学生人际交往能力的培养,在游戏中充分得到锻炼。

三、社会实践类班级活动的设计与组织

事实上,学生必定要走向社会的,他们的各种社会性能力需要到社会这个大熔炉中去锻炼。因此,教师要结合学生的年龄特点,考虑到他们的实际水平和实际能力,组织开展多种形式的社会实践活动,如社会考察活动、社会服务活动、社会公益活动等等,让学生参与实践,在活动中发现潜能,树立自信心,提高自己的综合素质。

一般来说,社区服务活动安排在假期里的比较多,这样就可以保证活动有充裕的时间和空间。组织学生走进社区,让学生提前体验一些社会性的工作,如:1. 参加社区环境建设活动,如社区环境卫生,社区绿地领养和美化工作,城市交通秩序维护工作(充当小交警)等等。2. 参加社区科技文化教育活动,如敬老服务、社区科技活动、社区学校的辅导、科普活动宣传、法制宣传、环保与卫生宣传活动、人口与保健宣传、社区文体活动等。3. 参加志愿者活动,如为社区大型活动提供志愿服务,在公共活动场所(如公园、旅游景点、图书馆、宾馆)参与管理服务(如充当义务讲解员和服务员等等);参加助残帮困活动、拥军优属活动;各类义卖活动;植树节活动;学雷锋做好事活动;社会主义新农村建设活动等。而且,劳动教育活动,也是较适合的活动形式。劳动教育活动中要重视学生丰富的情感体验,强调学生的劳动观念、劳动习惯、劳动态度的养成,以关注学生以发展为本,以劳树德、以劳增智、以劳益美、以劳健体、以劳促创新,培养学生的创新精神、实践能力。"家务大比拼"、"小鬼当家"、"城市美容"等活动,这些都是学生喜闻乐见的活动。

所有的实践活动应围绕人与社会、人与自然、人与自我的三条线索全面展开,开发设计的主题活动需涉及社会问题、自然问题、自我问题三个方面,使得学生在实践活动中广泛地接触社会生活中的各个方面的问题。活动要突显鲜明的实践性、综合性,要直接面向学生的生活经验,要以发展学生的探究能力、实践能力、社会责任感。丰富学生对社会、对自然、对自我的现实体验和经验为最终目的。

第三节 社会适应类班级活动的设计与组织需要注意的事项

活动对象是有差异的,活动场所涉及家庭、学校、社会等等,因此设计、组织社会适应类班级活动时,应该注意以下几方面。

一、照顾到学生角色的转变性

自从跨入校门的第一天起,学生们的"身份"就由单纯的"小孩"一跃成为了"学生"。在学生时代,他们会跨越小学、中学、大学等学段。过去那种无忧无虑的以游戏为主的生活,已经变成了以从事正规学习为主要内容的生活;过去那种以个体生活为主较为松散的生活方式,已被集体生活所代替;过去由家长扶持的生活,已经变成了必须有相当时间离开家长的"独立"生活。在参与各类班级活动之时,学生们会因活动性质和形式的不同而扮演不同的角色。诸如在人际交往训练、习惯养成教育、综合性的社会实践等活动之中,学生可能是采访他人的小记者、共同合作的小帮手、指导他人的小老师、播报活动的通讯员等。有些角色的转变是面向全体学生的,有些角色的转变需考虑学生的年龄特点和认知水平、周围环境等一系列因素。在学生的角色、身份发生重大转变时,教师设计组织班级活动时,要充分考虑到学生角色的转变问题,有针对性地拟订具体的活动方案。

1. 让学生知道应该做什么、怎么做。面对进入不同学段的学生,教师要帮助他们熟悉学校和同学,理解社会和学校对小学生的要求,让他们知道不同的年龄层次有不同的交往要求、习惯要求、实践要求。

2. 允许学生有逐步适应的过程。因为每个学生的环境和自身的个性特点都有所不同,所以急于求成是教育活动中的大忌。对于新环境、新人际关系的适应,并非教师一人力所能及的,让学生在教师的帮助引导下"小步子前进"的策略才是最合适的。

3. 留意学生对学校生活的反应,以及他们的心理变化。通常,初入学的儿童在情绪与人际关系上都有很多的困扰。有的孩子好表现,爱激动,老师会很容易就发现他们的问题;有的孩子则比较内向、退缩,这就增加了老师发现孩子心理困扰的难度。为了深入了解孩子们的内心世界,老师要多与孩子们交谈,主动和家长进行联系,必要时还要多询问与孩子交往比较多的同学,及时发现孩子的心理困扰,帮助他们克服和适应困难,这些都是很有作用的。

二、要注重家庭教育的协同性

班级和家庭的协同教育,可以避免两方教育的相互削弱与抵消的现象,进而会发挥教师教育的最大效能。一般来说,大凡在家庭中受到不良影响的孩子,往往都是班级中最难教育的学生,而在班级里表现不好的学生,家长一旦参与了转化工作,都会进步显著。权威研究表明,双方合作较多的教育项目,能让学生在各方面都表现出色,相反地,则会表现一般。因此,作为班级活动的组织管理者,老师应从策划引领的角度,去主动创设多种的活动平台,让家长直接参与自己的活动策划,作为支持者参与到活动中去,并作为志愿者服务于活动。通常,教师可以通过各种方式和渠道,如热线电话、家长会、家校联系本、互访、开放活动等协调教师和家庭双方的教育力量,使之产生一定的合力。让家长在明确自身教育的权利和义务之际,在班级活动展开的过程中,在经济上为子女提供适当的保障,创设一定的教育氛围,支持和配合教师做好自己的教育工作,提高自身的素养,改进家教质量。尤其是在开展社会适应类活动之时,更需要通过双方的协同教育,给予孩子更多更好的互补条件,让家校教育的效果得到进一步的强化。

三、探寻社会要求的一致性

如果一个人具有了良好的行为习惯、较强的交往和实践能力,就必定能在各种岗位上快速适应。如今的"80后"(20 世纪 80 年代)出生的人都纷纷踏上工作岗位,由于先前的独生子女教育的影响,导致一些人在工作岗位上会经常碰到问题。如:身为教师指导学生进行卫生打扫,本是极其平常又极为必要的事情,但是,有些教师自身就不知道该如何打扫卫生,关注的打扫点也不够全面,以至于无法细致地向学生传授有些基本的劳动技能,这就造成了工作中的缺憾。所以,社会需要什么样的人才,我们就应该需要探寻培养什么样的人才。设计、组织的活动,也应及时把握时代的脉搏,充分体现时代性。

人际交往能力、良好习惯的养成、综合实践能力的提升,并非是一朝一夕的事情。所以,在设计、组织、开展班级活动之时,教师一定要考虑到目的达成的长期性,围绕主题深入开展相关的活动,关注活动的一切过程,在收到的信息反馈、总结分析中调整和完善活动方案,促使活动目的的顺利达成。

第五章 个性发展类集体活动的策划

第一节 个性发展类班级活动的概述

当前的教育要改变学生,除了传授知识之外,还必须要让学生作为主体去参加活动。个性发展类班级活动是学生的情感、认知、行为发展的基础,是实现个性发展的重要手段之一,它的目的在于让学生在活动中逐步认知自我、建构自我,最大可能地实现自我的发展。

一、个性发展类班级活动的内涵和特点

一个人的个性是由心理、生理与社会性三个方面的特点和品质构成的。在教育科学的领域中,对个性的理解是在一定的生理、心理素质的基础上,在一定历史条件下,通过教育对象自身的认识和实践,形成和发展起来的个体独特的身心结构及其表现,它是一个人较稳定的心理、生理素质和社会行为特征的总和。准确地把握个性的教育属性以及个性发展类班级活动的内涵、特点,对个性发展类班级活动的设计组织具有十分重要的指导意义。

(一)个性发展类班级活动的主要内涵

个性发展类班级活动的内涵,主要是依照一个人的生理、心理特征,以素质整体发展为价值取向的,以能力培养为核心,旨在激发学生个体的能动性、自主性、创造性。能动性就是通过活动,激发学生的需要、兴趣、动机、情绪、意志等情意方面的因素,让学生在实践过程的计划、组织管理、调控等方面发挥自觉能动的作用,使活动更具有目的性、方向性和程序性,更有效果。自主性就是通过活动表现学生独立的主体意识,培养自我支配、自我调节和控制的能力,充分发挥自身的潜力,主动学习、主动内化、主动发展。创造性就是通过活动,不仅让学生在能力与成就上有所超越,更重要的是使人的品格不断提升和超越自我。

(二)个性发展类班级活动的主要特点

个性必然表现于行为中,行为必须在活动中展开,没有活动,就难以考察学生的行为,离开了行为,就无从了解一个人的个性,不从改造行为入手,就无法改造个性。个性的发展是以活动为中介基础的。活动是个性存在、体现的方式,只有通过活动,才能发展个性。个性发展类班级活动的特点,主要体现在下面几点上:

1.个性充满差异性和独特性

个性并没有优劣之分,只有区别和差异。每个学生的兴趣、志向、知识、能力等各方面都存在着差异。一个人的个性,是在其遗传基因、生理成熟、身边环境以及教育等先天和后天的因素的作用下形成的,因此差异是教育的依据,教育不可能也没必要去彻底消除这些差异,个性的发展应尊重差异。

个性发展类班级活动,应该在尊重个性差异的基础上,根据学生的身心发展规律,因人而异、因势利导、因材施教、不拘一格地组织设计。让每个学生都找到属于自己的个性特点,发展自己的独特性,并且悦纳其特点,使其成为自己的个性标识。

2.追求相对稳定的个性可变性

"江山易改,本性难移",这句话充分说明了个性是稳定的,但这种稳定是相对的,随着生理的成熟、环境的改变,个性也可能或多或少地发生变化,而且,个性差异有着积极、消极之分,此类班级活动的特点,就是在学生生理不断成熟变化的前提下,活动安排必须遵循"适龄性原则",通过教育活动,对学生的个性产生积极影响。所谓"可变性",就是积极的变化,它是切合学生的需要,也是符合学生本人的身心发展规律的,是可以为个性的发展、完善打下坚实的基础的。"变"的核心本质是发展和完善。

3.结构多元的个性体现了其统合性特点

个性的结构是多层次和多侧面的,由复杂的心理特征的独特结合构成了一个整体。这些层次有:第一,完成某种活动的潜在可能性的特征,就是能力;第二,心理活动的动力特征,就是气质;第三,完成活动任务的态度、行为方式的特征,就是性格;第四,活动倾向方面的特征,比如兴趣、动机、理想、信念等等。这些特征不是孤立存在的,而是相互联系、错综复杂的,是有机结合的整体,是对人的行为进行调节控制的。个性结构具有内在的一致性,常常受自我意识所调控。个性发展类班级活动,就是要让学生在活动中把个性结构的各方面和谐一致,此种类型的个性才是健康的。

4.追求完善的个性突出了道德的稳定性

在学校生活中,班级活动是一种制度安排,也是一种文化模式。从某种意义上而言,个性发展类班级活动,还是一门坚持"以活动促发展"为基本指导思想的特殊课程,更多地是着眼于"个体独特的内在潜能的唤醒、彰显、弘扬"。个性的不断发展形成一定的人格特质、道德观念,在一定程度上会影响到一个人的生活方式,甚至会决定其命运,因而是人生成败的根源之一。

所谓"性格即命运",坚强者会越挫越勇,懦弱者却会一蹶不振,这就是个性发展的功能性的真实表现。性格是一种与社会密切相关的人格特征,包含了很多社会道德方面的含义,表现了人们对现实,以及周围世界的一种态度,还体现在行为和举止中。

个性发展类班级活动对学生个性的反哺具有十分重要的意义。只有学生的个性得到了发展,其道德完善才具有可能性;个性的积极方面得到了发展,其道德行为才更加具有稳定性。

二、个性发展类班级活动的最大目标

说白了,教育其实就是人学。不了解学生的兴趣、思维、爱好、才能、倾向、禀赋,就谈不上是教育。班主任所面对的学生是一个个独立的有差异的个体,要教育好每个学生,就必须了解、研究学生的身心特点,及其变化规律,并分析每个学生的家庭成员、生活背景、智商和情商发展状况等等,营造班级氛围,组织班级活动。个性发展类班级活动的目标是个性展示、个性培育、个性完善。

（一）所谓的个性展示

班级活动给学生提供了锻炼自我、表现自我、施展自我的舞台,使得他们的知、情、意等心理品质得到了十分有益的培养。通过活动,可以帮助学生挖掘潜力,促使其智能个性得到和谐全面的发展。从此意义上来说,在班级活动中不仅需要展示学生的个性,还需要鉴赏。

个性展示方面的班级活动,可以从"特长展示"为主要的活动形式来组织设计,主要目的是使学生学会表达自己、认识自己。这类活动可采用趣味性游戏的方式来进行,趣味性活动,能够提供宽松的空间、时间,帮助建立新型的师生关系,有利于展示发展学生的个性,充分展示学生的个体倾向性。例如让学生"认知自我":我是谁？我的优（缺）点都是什么？我的特长有哪些……有经验的教师,会在新生入学之时就开展这种活动,让学生客观、积极、正确地认识自我,促进自我意识的正确发展,使其意识符合个性发展。

提到个性展示方面的班级活动,还可以"团队游戏"的形式组织设计。通过群体性的活动,把自己放在人群中进行比较,把自己融入于集体中,充分彰显自己的优势所在,但也不避讳缺点。在同他人的比较中,找到差距所在；在和先进的比较中,获得动力；在对自己的批判中,不断进步。例如,有的活动提供了几十张公共道德题材的漫画,让同学们边看边发表议论,寻找漫画中的讽刺言行里是否有"我"的影子,进而唤醒同学们的道德观念。

另外,个性展示方面的班级活动,还可采取"文体竞赛"的方式组织设计。青少年有极强的表现欲,渴望自己能与众不同,渴望被发现和尊重,甚至可以把世界想象成是个大舞台。

个性展示的班级活动就是要尽可能地把机会和荣誉让给每个学生，让不同兴趣、爱好、条件资质、追求的学生表现自我、实现自我。作为老师，要更多地去欣赏和激励他们。

(二)何谓个性培育

从个性的先赋性来说，这个概念是相对稳定性的，但人的个性是人的生理机制与周围环境相互作用的结果，个性形成的社会化因素大致是：家庭的教育氛围、同伴的交往影响、教师的引导激励。在班级中，最大的影响元素是后两者，因此班级活动对人的个性的影响和改造作用是十分重要的。

个性培育方面的班级活动，可以围绕"心理健康"为主题来组织设计，目的是要学生学会调适和悦纳自己。在成长过程中，学生因其不同年龄阶段，会有具有代表性的成长困惑。我们应该有预见性地规划，或即时敏锐地感知，根据现实生活中随时发生的事件对学生的心理问题进行针对性的帮助、干预。

这类活动可以从满足不同年龄层次学生的需求进行组织，因此可以设计一些吸纳家长参与活动。有的教师认为中小学生追星的态度是有偏差的，这时，就应该设计以"追星者畅谈会"为主题的活动，提高学生的判断力、情绪自控能力。有的教师已经敏锐地感觉到学生在青春期阶段对自身生理现象的困惑与好奇，以及异性交往方面也出现了问题，这就要设计以"青春期不再害羞"为主题的班级活动。通过活动去传递科学知识，消除这种神秘感，同时还要对同学们的交往进行反思、建议。这类活动是通过对学生内心感受的探究，去关注学生的心理健康，起到呵护稚嫩心灵的一种作用。

个性培育方面的班级活动，可以围绕"励志教育、自我教育"为主题来组织设计，主要目的是让学生学会约束自己、激励自己，发挥自主性和能动性。以魏书生让学生立座右铭为例：

"刚开始，他抄给学生讲，后来他让学生自己挑自己抄；再后来，他由抄在黑板旁到抄在座位上；到最后，做成五面体，增加了内容，写上：一、自己最崇拜的人的名字；二、自己要超越的同学的名字；三、针对自己思想弱点写一条医治这一弱点的格言。"

在这里，魏书生把抄座右铭的主体从老师转变为了学生，把"抄"转变为"创作"，把高远的目标与切近的目标结合起来，把自己的"病症"、"良方"都交由学生自己来处理，把内容、形式尽量地完善结合，把座右铭刻画在各个立体的面上，真是"面面俱到"，既明示了志向，又接受了监督。魏书生将一个小小的教育载体，化成了一种自觉伴随一生的自我教育行为，其睿智和创造性是十分发人深思的。

个性培育方面的班级活动，还可采取"角色体验、角色扮演"的形式组织设计，主要目的是让学生在模拟社会关系的过程之中，进行角色体验，探究人性的情感，使得个性在活动中成长发展。可设计诸如角色实践、角色扮演、角色切换的班级活动。有的同学在"假如我是校长"的角色体验中就这样说道：

"假如我是一名校长，每天我都会提前半个小时到校门口，看着我可爱的学生们迎着阳光走进校门。

"假如我是一名校长，那么，我会告诉我的学生们，早恋不是洪水猛兽，也并非神秘莫测，而且，还要告诉他们，这个世界上最甜美的感情，就是爱情，但是，我要请他们成年以后再去品尝，且不要去伤害别人。

"假如，我是一名校长，我不会只在学校里四处贴上'诚实，自信，严谨，求真'的标语，而是把这些缺失的信仰印在他们心里。

"假如，我是一名校长，我会脱光了膀子和同学们一起打篮球，会在课堂间隙讲个小笑话。"

这些充满理想主义色彩的表述，浓缩了对教育工作者的期望，也沉重地提醒今天的教育工作者：对教育的理解，我们是否与孩子们是息息相通的？这些是否具有充分的合理性？如果是的，那我们为何没做到？

个性培育方面的班级活动,还可以通过创设一些"人际交往和团队合作"的情境组织设计。目标是培育学生的协作意识和规则意识,进而学会分享。这类的活动,最好是以群体游戏的方式来进行,借助娱乐的外壳,巧妙含蓄地把个性发展蕴含在里面。在协作活动中,可以让同学们去感受自己被他人需要;在责任分工中,明白群体的巨大力量;在体育类游戏中,去体会规则的重要性;在充满冲突的活动中,去体味必要的妥协对于实现群体利益的意义;在团队活动中,找到自己的专长所在,并发现自己的不足,明确今后的努力方向。

个性培育类的班级活动,它是学生体验成功的实验场,是战胜挫折的竞技场。教育就是要发挥每个学生的长处,尽可能让其长处得到最大限度的发挥。班主任的责任,就是创造一切机会帮助他们来实现这一目的。老师得天独厚的条件,就是能组织设计各种各样的班级活动来进行个性培育,让每个学生都在集体的舞台上创设出一幕幕活泼生动的"戏剧",进而来展示和培育个性,寻找到自信,体验到愉悦,为今后适应真正的社会生活打下坚实的基础。

(三)何谓个性完善

个性发展类班级活动的开展,是从个性展示入手的,关键在于个性培育的全过程,终极目标在于通过创设特殊的情境来创造特殊的空间、时间,努力培养同情心、责任感、忠诚等积极的个性品质,有力地推动个体向品德完善的目标迈进。

班级活动,它只是教育中的一个环节。教育的目的是对道德的求索,班级活动当然也是为这个目标服务的——个性发展,应该以人格的塑造、修炼、道德的完善和高尚为宗旨。但是,我们不能泛泛地把"完善自我"和"道德情操"等作为教育的基本目标,而是应该通过班级活动把这些抽象的概念,具体化为各种态度、情感、价值观,以及行为特征,比如热爱生活、亲近自然;认知自我,取悦自己;敢于表达自己的感情观点,遵纪守法等等。

班级活动是在促成个性完善，让这些行为特征可以观察和感知，还可以通过一定的方法评价，且可以通过一定的教育手段、策略加以训练和改造。如何在活动中渗透这些因素呢？我们可以围绕"生命意识、创造思维、品德生活"等主题组织设计。从生活中去寻找素材，从司空见惯中去发现不寻常之处，从表达中去挖掘自己的智慧所在。看看下面这则案例：

我在计算机教师的帮助下，设计了一组连环漫画，给学生提供了四幅漫画，在活动中播放，并分别要求学生谈谈自己的感想，作些评论，进行选择，发挥想象。

第一幅：在一间房子里的一张桌子上摆着一个黑包，两个人正在握手；第二幅：一个人拿着黑包在前面跑，另一个人则在后面追他；第三幅：两个人相对而立，其中一个人正在开包；第四幅：一个人拿着黑包在不停地跑着。

让学生对这四幅漫画进行重新排序后配上说明词。有的学生以4—2—3—1排序，分别配以"有小偷"、"追"、"终于捉住了"、"多谢你挽回了我的损失"，最后总结为"见义勇为——良好的社会道德风尚"。有的学生以1—4—2—3排序，分别配以"朋友见面分外亲热"、"有人偷包"、"死死盯住"、"看你往哪儿跑"，最后总结为"天网恢恢、疏而不漏"。还有的学生以2—3—4—1排序，分别配以"抓小偷"、"让我看看都有些什么"、"这个包归我了"、"见者有份"，最后总结为"坐地分赃，多么可耻！"这次的班团活动搞得十分成功。事后，学生们评价这次活动是直观形象、感想丰富、生动有趣、记忆深刻。

学生的学习时间非常紧，班级活动又要投入时间、精力，如果活动过于俗套，学生会很压抑，太重说教，又会让人感到厌倦，因此，要充分保证活动的开展，难度就很大。上面的案例，是利用电脑技术模拟生活中的道德情景，让学生在虚拟的社会生活中开展道德实践，且可进行个性化的艺术创造，体现个人的道德见解，既具有娱乐性，又有对社会现实的再现。由于充分利用了游戏、电脑、网络等教育新元素，设计上又新颖有趣，且使学生们在活动中投入的无谓时间很少，有效时间很长，所以活动就十分地生动活泼，为学生的道德实践提供了很多方便，改变了传统的以知识教学为主、辅以少量实践的德育方式，发挥了德育应有的魅力。

上述的班级活动案例，是通过创造思维训练学生的求异思维，对习以为常的生活细节进行反思后，用批判的眼光打量寻找可以改进的地方。类似的案例还有很多，例如：有的班主任对传统节日进行改造，让传统节日有了不传统的过法，给同学们以新的体验；用简单易行的游戏娱乐开始，却要求有不同的玩法，还可用科技小制作的方式，激活学生的创造发明意识。生命教育让人爱自我、爱他人、爱自然，还可以设计"感恩教育"，让学生们感知父母的养育之恩，感受老师的教诲之恩，以及他人的帮助之恩、自然的滋养之恩，还可以设计难度合适的团队游戏，用挫折教育的方式去磨练学生的意志，以及感受生命力的坚强。

站在道德的角度、生命的高度整体把握班级活动，才能发展学生的情感、态度、价值观，才能够帮助学生创造高品质的生活。要想能真正促进个性完善，班级活动的本身就需要有创造性。要在创设情境的情况下，把活动的中心转移到学生发展中去，引导学生自主地合作、探究问题，让学生在实践中产生复杂的情感体验，进而在情绪、态度、价值观上得到全面深入的发展。

由上面的结论可以得知，个性发展类班级活动，是要努力使学生充满乐趣和热情地投入到学习、生活中去，获得愉悦的情绪体验，培养求真的道德品质，发展自我的审美能力，促进自身的思维能力，让学生的聪明才干得到最大限度的发挥，让性情得到陶冶，情感得到升华，总之，是形成鲜明的个性，让道德品质得到一定的提升。

三、个性发展类班级活动的现状分析

有很多方面可以检验班级活动的效果，例如，现场气氛、主动参与率、后续影响的反馈、同伴的意见等等。有些是可以即时感知的,有些则是可以通过数据体现的。在很多情况下,还可能是需要理论分析的。一般地说,在实践过程中,个性发展类的班级活动主要存在着两个问题:

(一)在活动中,情趣渗透有所不足

著名的未来学家阿尔温·托夫勒(Alvin·Toffler)认为,未来教育的最终目标,将由培养"标准化的人才"向培养"个性化的人才"转变。班级活动的对象主要是青少年,这个年龄的人的心理特点是好奇求新、喜欢趣味。

个性发展类的班级活动应该充分考虑到学生的心理和生理特点,但是,班级活动都是通常说教有余,情趣不足。情趣不足就容易造成学生"身在场、心缺席",学生的个性,就无法得到充分的张扬,参与度也就会不高了,效果也就可想而知了。

因此,在组织设计中,个性发展类班级活动一定要有人、有趣味、有情感,活动环境也要有吸引力。一个新鲜、充满情趣的活动环境是比较容易让人放松的,激发想象和参与的,并能引起学生的探究和思考。活动的内容和形式也要新颖有趣,否则很容易会走上程式化的窠臼。有时,形式上的活动可以借助游戏的外壳;内容上要从学生成长的经历中、鲜活的日常生活中去寻找素材;活动的组织与设计上,既要考虑生成性,还要注意到捕捉生活中的偶发事件、有趣经历,甚至是一些错误资源。

(二)传统性活动中的创新

个性化教育的终极目的,就是培养个性化的人,而教育个性化是实现个性化教育、培养个性化人的过程。因为学校生活的特殊性,班级活动的形式也容易类型化。在日积月累中,很多形式的活动已成为具有规律性的传统活动。对于班主任和同学们来说,司空见惯的传统活动、常规活动很容易造成"审美疲劳"。

如果不对传统性活动进行内容和形式上进行改造、创新,就会使班级活动死气沉沉。对传统的活动形式，要从"重知识、重道德灌输"中超越出来，要围绕学生的兴趣点、关注点，在形式策略上大做文章，在内涵挖掘上大做文章，那么就会有不错的效果。

例如，同样是参观徐悲鸿纪念馆，一个班把目标设计为三个：以"中国人的志气"为主题的励志教育、以参观美术作品为主题的艺术鉴赏教育、以参观武警内务为主题的纪律教育。另一个班只设计为：以参观美术作品为主题的艺术鉴赏教育。显然，前者的目标设计要比后者的全面丰富，而且思路更为宽广。只要有合理的改造和开掘，观照到了学生的个性特点、不同个体的个性需求，操作也很简易，内容更加智慧，活动效果就会更好。

第二节 个性发展类班级活动的设计与组织

个性发展类班级活动的目标，主要是追求学生自主性、能动性、创造性，以及这几个方面的协调发展。个性发展的关键是要使学生们能够意识到自我发展的目标、方向，并用自身的积极因素战胜消极因素，因此个性发展类活动，是学生个性自由发展的一个平台，是学生个性自由发展向自觉发展的过度桥梁。只有真正成为教育的主体，学生才能实现自我的充分发展，富有个性地主动发展，才能主动地探索、自主地充实、不断地去创造发现。这类活动可以围绕着个性培育、个性展示、个性完善这二个层次进行设计与组织。

一、个性展示的班级活动的设计与组织

任何情况下，个性差异都是客观存在的，个性没有优劣，但有区别、差异，所以它首先是教育的依据，但是，个性差异也有积极、消极之分，这就是教育的结果。其实，对个性的展示，就是对生活中美的充分展现。这类班级活动需要进行心理学、教育学、社会学的加工，依据学生的心理特征，最大限度地满足学生的兴趣和需要。让学生的生活感受力得到一

定的培养,生活体验也得以丰富,个性得到展示和发展。

个性展示班级活动的关键,是要尊重学生的天性,不仅要求活动见"事",还要见"人",不但要有"情",还要有"趣"。让学生有充分展示个人特点和特长的机会,让学生显示真性情和真感受,即使是玩也要玩得痛快。只有这样,学生才能找到自己的兴趣点,才能培养自信心和自尊心。一个让学生表现出成功的最好的方式,就是让学生展示他们自认是最棒的作品。

有很多种方式可以进行展示,如设计一块"吹牛板";让学生的得意之作得以张贴的布告板;还可在一段时间内,利用公共走廊和公共阅览室专门展示学生的作品,或者为学生的作品制作出一本汇编小册子等等。有时,还可通过"小能人"亮相会进行献艺演出,展示出学生文体方面的专长。还可以用自我评价的方式展示其个性,看下边的案例。

相关链接·自我评价

一、活动的目的

学生群体商议制订评语库,学生个体在这个评价框架内进行自我评价,并可自行补充针对自我的评价细则,作为教师评价的一个参考。

二、活动的准备

自我评价表一份。

三、活动的内容

1.班级的所有成员商议制订出一个学生评价库,按品德、个性、情感、成绩等方面进行描述。

2.每一项都尽可能地搜集全体学生的评价,作为基本的评语库。

3.给每位学生都分发一张《自我评价表》。

4.对照评语库的自定评语序号,假如所属序号内容不准确,还可自行书写。

四、活动的延伸

选择具有代表性的评语后适当地加以补充。

附：

材料一：

表 5—1 评语库

项　目	评语（每项节选两条）
总	能模范执行《中学生守则》
	能严格遵守校内外的各项规章制度
德 1	在"学雷锋献爱心"活动中要表现突出
	关心他人，主动为同学补课
德 2	积极参加爱校的义务劳动
	爱惜粮食，生活俭朴
智 1	学习的自觉性较强，有一定的钻研精神
	学习方法十分得当，接受能力也较强
智 2	认真地做好笔记
	虚心地向老师和同学请教
智 3	书写要工整
	能根据练习中出现的错误整理出错题集
智 4	竞赛获奖
	被评为校"十佳学习标兵"
文体 1	喜欢舞蹈
	爱好乒乓球
文体 2	体育达标
	运动会上获得名次
希望 1	加强"耐挫"能力的培养
	继续发挥个人的特长
希望 2	狠抓薄弱学科
	争取入团

材料二：

表 5－2　××中学学生自我评价表

班级＿＿＿＿＿＿	学号＿＿＿＿＿＿	姓名＿＿＿＿＿＿
项　目	代　号	内　容
A		
B		
C		
D		
E		
F		
G		
H		
I		
J		
K		
反思栏	本学期我想（或能）做好,却没做好的事是：＿＿＿＿＿＿＿＿＿＿ 原因是：＿＿＿＿＿＿＿＿＿＿＿＿＿＿＿＿＿	
缺席共＿＿＿天,其中病假共＿＿＿天,事假共＿＿＿天,旷课共＿＿＿天		
奖　惩		操行等第

本案例具有一定的现实意义,其活动背景是:自我评价是个主观性很强、个体倾向性很突出的活动。设计出这个班级活动的目的是:基于

中学阶段青少年身心的不断变化而逐渐成熟的特殊时期出现的特殊问题。这个时期的学生，更加关注自己的外在形态、内心世界，自我评价的独立性也很强，常常表现出听不进批评意见，十分地固执，自尊心得到高度的发展，对外界的评价十分敏感，自我意识十分矛盾，情绪表达越来越含蓄，甚至，有人还呈现出一定的封闭性性格。因此，活动的主要目的是引领学生找到其发展方向。

本案例的理论基础是：自我意识的发展，是个性形成发展的重要条件。如果一个人的自我意识不能得到发展，那么个性的发展就很难实现。自我评价是自我意识的核心。自我意识是人格结构的重要组成部分，积极的自我评价，对个性的展示和培育有着良好的促进作用。

本案例的活动特点主要有以下三点：

1. 体现能动性。学生按品德、个性、情感、成绩等方面描述评语，是让学生在活动实践过程中发挥自觉能动的作用，使活动更具有针对性和适应性，有更好的效果。

2. 体现自主性。评价自己的方法有很多，例如比较法、实践成果法、他人评价法、测量法等等，但是，让班级成员商议制订出一个学生评价库，每项都尽可能地搜集出全体学生的评价，这就体现了对学生的理解尊重。学生重视什么，是否是公认的，都体现出了民主与协商。制订的过程是思想碰撞的过程，也是一种自我教育。

3. 体现创造性。"对照评语库自定评语序号，如果所属序号内容不准确，还可自行书写"，"选择具有代表性的评语后适当地加以补充评语库"，这些要求就是对学生的创造性的激发，超越自我的鼓励，也是提醒学生，要意识到全面发展、和谐发展的重要性。

这个案例在活动的策略上主要是运用了"保护性、激励性、发展性的评价"，在活动的功能上，努力地实现让学生了解自己，发现自己潜能的目的，多方面地评价学生，用多把尺子来衡量学生，注重对学生的启发教育，发现学生思想行为中的闪光点，为学生提供表达、展示和体验成功的机会。让每个学生都明白，人人都有自己的优势，每个人都可能是最好的。在发挥学生主体性之时，也让学生达成共识，在共识的基础上促进他们共享，在共享的基础上实现一定质量和目标的共进。

在活动的组织设计上，准备工作的要点是对基本评价库的搜集、整理，这是活动本身之外的活动，这个准备工作是个达成共识的过程，目的是引导学生在具备公认度的评价框架内实现对自我的真实评价。

这个案例的特色是渗透着自我意识、自我反思、自我期待。比如，学生可自行添加评语库中对自己描述不准确的评语，这点就发挥了学生的自主性、能动性。活动的重点体现在评价表的"反思栏"，这个环节的安排是激发学生的创造性，真实地找到自己的缺点不足，并分析原因，这是需要勇气、智慧的。

另外，活动的延伸环节也不容忽视。功能在于不断完善、修正这项活动，让评价更加符合学生的自身，更加具有针对性，让此活动从暂时性变为发展性，从终结评价变为形成评价，让活动更加具有生命力。

因为学生的自我意识的发展趋势，是随着年龄增长而不断发展的，且不同阶段发展速度也是不相同的。因此在类似"自我评价"的班级活动中，一定要注重评价策略的适龄性。同样的"自我评价"的主题，在不同的年龄阶段开展的要求也是不一样的。比如，一到三年级学生的自我意识发展速度就较快；三到五年级就相对平衡些；五六年级又开始出现了上升期。在小学四年级开始，儿童的抽象思维逐渐占据了主导地位，自我意识更加深刻了。他们的自我评价和自我监控都有了新发展，主要表现在由权威的外部控制转为自我的内部控制。初中生与高中生还有所不同，初中生比较容易接受宏大目标，可以直接采用"目标激励机制"；高中生，则更愿意面对具体细节，可以采用细化目标、逐步跟进的督促方法。

这个案例的启示是：生活是多元化的，学生的智慧是丰富多彩的。我们设计班级活动时，一定要考虑到这种多样性，要有先期调查，目的要明确,还要有针对性,这样才会有广泛的参与度,才会有高涨的热情,否则,设计出来的活动就是游离和片面的,学生是不喜欢响应参加的。

二、个性培育的班级活动的设计组织

个性是人际关系下的产物,随着学生的社交活动越来越多,同伴关系也越来越复杂,通过班级活动,可以促进个性的培育和个体社会化的进程。团队合作式的班级活动,因而就显得非常必要了。

个性在学校生活中、班级活动中更多的表现是:呈现出了合作的、群体的、社会化的状态,具有群体特征,即遵守共同规范、互相依赖、互相影响,有着大致相同的奋斗目标。没有活动,就没有集体。集体是在活动中形成的,良好的班集体是在良性竞争和民主合作的氛围中形成的。

作为学生社会化的重要载体,班级活动在促进学生个体社会化的同时,也培育了群体个性。这个群体的个性在学校生活中通常被称之为"校风"或"班风"。

优良的群体个性,可以让学生提高做事能力,学习做人之道,为以后适应真正的社会生活打下良好的基础。班级作为一个社群,不是简单意义上的一群同龄人的简单集合,它是一个共同体 ,一个学习和生命的共同体。每个人都有可能成为身边同学的"重要的他人"。因此,以培育学生协作意识和团体意识的班级活动就是十分重要的了。

相关链接:团结合作才会成功(有改动)

一、活动的目的

1.以"合作精神"为主线,通过游戏和表演等不同的活动内容来表达同一主题,让学生充分体验到合作的乐趣,认识到合作的重要性。

2.帮助学生树立正确的协作意识,提高学生的社会适应力。

3.消除以自我为中心的错误观念,形成互助互爱的高尚情操。

二、活动的准备

空瓶6个,筷子1捆,毛巾3条,绑带6根,用线拴着的粉笔头24个,球6个,进行课本剧的表演比赛选取最佳课本剧1个,以及课件。

三、活动的过程

(一)激发兴趣，导入活动的主题

1.主持人开始介绍自己，并且宣布班级活动"团结合作才能成功"开始。

2.主持人列举入学以来班级中取得的一些成绩，同时强调所有的成功都和大家的团结合作是分不开的。

(二)认识合作

1.让学生初步说说自己对团结合作的理解。

2.说说为什么一定要团结合作。

3.推荐大力士做折筷子的游戏，学生们谈谈自己的感受。

(1)折一根筷子。

(2)折一捆筷子。

(3)小结："一根筷子轻易折，一捆筷子折不断"。这就是团结的力量。

4.玩游戏——《紧急逃生》。

(1)先介绍游戏的规则：每个小组的前面都有个空瓶子，瓶子代表一座"已经着火的房子"，里面有用线拴着的粉笔头，代表的是"在房里还没出来的你自己"，以最快的速度从火场顺利逃生。

(2)每个小组派四个学生来玩游戏。

(3)没有脱险的小组要分析原因。

(4)顺利脱险的小组要说说是怎么做的。

(5)小结。

(三)体验合作

1.激起合作欲望：你可以合作吗？

2.请三组同学上场，参与一个需要合作的游戏。

(1)介绍游戏的规则：三人一组，把一人的双手绑住，一人的眼睛遮住，一人的双腿也绑住，这种方式，代表的是他们身上存在着不同的优点、缺点。再给每个组两个球,分别代表贵重物品。要求三人要团结合作,把贵重物品从教室后面运到讲台上来。

(2)谈谈游戏的收获。

3.请班级评选出的"最佳合作小组"成员,展示一下他们的合作成果。请欣赏他们给大家带来的精彩的课本剧表演。

4.经过亲身体验,谈谈合作时最重要的是什么。

(四)活动结束

上面这个案例开展的理论依据在于:群体活动让学生们发现与大家一起比自己单独行动更有意思;群体活动会比个人活动更为有效地利用老师指导的时间;群体给学生提供一个互学互教的机会,有助于发展人际交往能力,体验合作后的好处。

这个案例开展的背景是基于学生(尤其是低年级)往往自我认识能力较弱,自我为中心过强,自我觉察能力低,协作能力也不强的现实。利用这种轻松愉快的班级团队游戏的组织形式,为学生的个性发展创造良好的条件,增强真实的情感体验,提高自己的心理适应能力,进而帮助学生形成健全人格。

活动的目的是通过"行为训练法",就是以游戏的形式训练规则意识,培养协作能力,帮助学生树立正确的人际协作意识,提高他们社会适应能力。在克服困难和达成目标的过程中,消除以自我为中心的错误心理,形成互助互爱的道德情操,构建团结互助和共同进步的生活共同体。

这类班级活动的主要特点是:

(1)利用游戏特性来实现愉快教育。游戏,它是最受学生欢迎喜爱的活动形式之一,游戏本身是十分愉快的,但它并非游戏的本意,只是班级活动的一种吸引人注意的外壳而已,关键是它的内核中包含着什么样的价值观。游戏具有自主性、趣味性、虚构性、创造性、契约性、社会性、互动性等特点,一般要经历五个阶段:建立伙伴关系阶段、共同承担义务阶段、相互信任互助阶段、交流分享领悟阶段、正确认识自我阶段。因为游戏中有困难,所以游戏就能培养学生的意志品质,培育主动进取的精神;有时需要借助他人的帮助,在互动中产生的感情又会成为凝聚的力量;有时要通过发挥集体的智慧来争取胜利,所以还培养了团队协作精神,敢于争先的意识,克服困难的勇气;在团体中,还可以建立彼此的信任,进行经验的分享。游戏中有规则,有契约。规则是让游戏得以顺利进行的保证,成员间会形成大家认可的契约,通过游戏会明白:在合理的规则下才会使游戏有秩序,在有规则的游戏下,才可能产生快乐。个性的自由也是这样的。

(2)借助角色体验来强调经验的分享。这类活动的关键是鼓励讨论。尽管讨论要占用大量时间,但是,它不仅能帮助学生们理解团队活动的方式,重视团队活动的价值,并对自己固有的价值观念进行有益澄清,所以是十分值得的。在讨论的过程中,班主任要努力鼓励思路开阔的学生去讨论某个问题,接纳一切的可能性,无需担心其是否合理。有时,一个不切实际的想法或许会产生一个新思想。不要试图去评判每个想法,努力保持开阔的思路,评判是后面的事情。班主任在总结之时,才可以进行评判,或是提出自己的见解。

在组织设计上,前期的物质准备是与活动的各个环节配套的。游戏规则要明示,以确保游戏过程中的安全。在游戏的过程中,指导老师要随时随地地进行指导,把握活动的节奏,关注学生的表现,对成功和失败的小组,引导他们进行自我剖析,体现自主性、能动性;在经验的分享过程中,指导老师还要激发讨论,并适当地引导以不偏离主题为宗旨,使得学生理性自觉的反省、超越,提升对问题的认识。讨论与经验分享可训练学生的独立思考、表达见解的能力。通过活动,还可以建立和谐的人际环境;通过活动,还可以增强自尊心、自信心,体会到尊重他人和被人尊重的差异的意义。虽然每个人都是独一无二的,但却又不是孤立地存在于世界上的。人人都无法孤立地谈论个体的价值,每个人的价值都是在尊重他人和承担责任中升华的。

有关这类活动的可行性建议,可以设计成多个活动的组合。在一次活动的安排上要考虑:由简到难的形成序列,活动之间形成一定的递进关系,进而激发思考讨论,由浅入深。如果采取多次的活动安排,则可考虑把活动在时间、空间上拉得长些,因此,活动也可设计成一个系列。系列性的活动可以"突破克服传统的一次性班级活动的零碎性、平面性、封闭性等缺点,具有形式的多样性、内容上的系统性、时间的持续性、空间的广阔性、教育的全面性和立体性等特点,有利于对学生进行教育"。

此外,在每个讨论的环节中,假如学生的参与热情导致了想法过多,以至于无法记下来,可以找其他的学生轮流记录,以显示出对意见的重视程度,努力营造尊重平等的氛围。确保每个人都要参与到其中去,避免出现因无法顾及,而让一些表达意见的学生造成的"相对剥夺"等不好现象。

三、个性完善的班级活动的设计与组织

个性完善类班级活动,就是要创设情境、创造条件、塑造人的性格。创设情境就是让学生在包含道德意蕴的情境中,表现对现实和周围世界的态度;创造条件就是为努力发掘学生的个性潜能和个性优势的发展提供保证;个性发展最终以人格的塑造修炼、道德的完善高尚为宗旨,所以开展个性完善类班级活动,就是引导学生追求个性的完善。

以个性完善为主旨的班级活动,讲究的是"把题材与价值观联系起来",鼓励学生们锻炼自己对现实生活问题的思考能力,追寻生活表象后面的深层次内涵,追求人生的最终意义,努力过上一种品德的生活。

相关链接:生命教育

一、活动的目的

1.养成尊重生命和爱护动植物的心。

2.了解生命的独特性、自主性、价值性,并涵育尊重生命的尊严。

3.了解生命的可贵,还要珍惜自己和他人的生命。

4.了解生命的无常。

二、准备工作

1.活动前一周,要求同学们回家种植绿豆(或红豆、小麦)等作物,并观察、记录其生长的情况;记录下观察时的心情和感受(以照顾者身份和它说话)。

2.事先把组分好。

三、活动的过程(大约40分钟)

(一)引起的动机(3分钟)

老师讲一个真实的故事:约翰在出生满周岁时,就因不会坐、不会爬,而由医院诊断得了"进行性脊椎肌肉萎缩症",预测他只有3~4年的生命,从此约翰和他的父母都走上了不断向死神挑战的人生旅程。由于约翰的身体状况欠佳,抵抗力很差,小小的感冒都常会让他患肺炎,并住进病房。

(二)讨论(8分钟)

老师提问题,让大家思考:

1.如果你是约翰,被医生判了"死缓",你最想做的是什么?

2.如果你是约翰,身体很差,也很容易生病,你会到学校上课吗?

3.如果你是约翰的同学,你会有什么想法?你会怎么对待他?最想对他做的事是什么?

4.如果你是约翰的父母,你会如何安慰约翰?

5.如果有一天你就要离开人世了,你希望别人在你的墓碑上写些什么?

请几位同学出来分享想法。

讨论结束后,老师把这个故事说完:强烈的求生意志,父母的鼓励,让约翰更加坚毅勇敢,并珍惜自己的每一分钟生命,非常努力地去学习,尽力做好自己生活中的每件事,并以高分考上了自己心仪的中学,而且成绩一直是班上的第一名。

（三）分组讨论种植物的心得（7分钟）

1.分享如何种植和照顾各种植物。

2.分享在你的栽种和照顾下，植物有何改变，或其生长情形如何。

3.分享种植时的心情（尤其是种植失败者的心情）。

（四）请各组派一位同学起来报告（6分钟）

（五）"新生的蛋"活动（12分钟）

1.先在白纸上画出一个蛋（代表个人生活中新的开始），把这个蛋设计成你自己喜欢的样子，尽量让这个蛋是多姿多彩的。

2.完成后将蛋剪下来。翻过来，在背面列出哪些事是你希望自己死前要完成的。

3.全班都完成后，让同学们分享自己内心深处的愿望。

（六）老师作最后的结论（4分钟）

每种植物、生物都是有生有灭的，但是，一个生命的结束，其实是另一个生命的开始，就像蝴蝶交配后产卵，然后双双死亡一样，卵孵化成毛虫结茧，才最后长成了蝴蝶。

生命是可贵、至高无上的，我们知道栽培、照顾生命是何等的不容易，但是要将它毁掉，却只是一念之间。所以要尊重珍惜每个人的生命，学着珍爱自己，关爱他人。

这个案例开展的活动背景是在自己未来的生活中，学生们将要面对许多未知、复杂的选择。从离开校园的那天起，就不可能带着人生所有问题的现成答案去步入社会。所以，"当他们有机会在教室和班级活动的安全的氛围中，努力解决这些问题时，他们会以更多的平衡和理智、较少的不稳定和冲动来面对这些选择"。以"生命教育"为主题的个性完善类班级活动，引发了学生对人生的思考——生命的存在与意义，生命的消亡与尊严。

班级活动是体验生命、丰富情感、完善个性的过程，以"生命教育"为主题的班级活动，其目的主要是鼓励学生思考生命的价值意义，体验生命的脆弱坚强,强化对生命现象的各种积极的态度,加强对生命的重视。

活动的准备工作是,首先以一个动手实践活动——种植为开始。在这个过程中,学生进入了对生命呵护的角色。无论种植是成功还是失败,都是个难得的亲身经历。这个准备环节其实主要不是对动手能力的考查,而是对情感和爱心的培育。

在组织设计上,首先设计者要以一个引人入胜的故事为开端,接着再进行内容上的拓展、意义上的升华。设计的关键在于故事一定是要经过精心挑选的,内容要符合学生的心理需求,表达学生想要说但是又表达不出或尚未说出的东西,故事之后的延伸,可以激发起学生更深层次的思考。对于低年级的同学而言,故事能起到心理教育、道德教育的双重功效。

设计者在讨论的环节,要非常注重问题的预设,几个问题都要创设几个不同角色的体验,比如:约翰本人、约翰的同学、约翰的父母、生者与死者等等。每个问题都是直指生命的独特性、自主性、价值性的,并涵育着尊重生命的尊严。

活动设计的特点,是通过形式上的"活动—讨论分享—再活动—再分享"来进行的,强调的是情感教育和内心体验。至于活动能否达到预期的目标,关键在于班主任的思考、策划。要善于捕捉信息,观察生活,把那些令人心动的、给人以启示的点滴都收集起来,巧妙地组合后运用到班级活动中。

从上面的案例中,我们可以发现:在组织设计的过程中应注意以下几点:

1. 要以学生为本,不脱离学生的实际,以学生的年龄、阅历、兴趣、认识水平为参照。故事内容的选择要适合不同年龄的学生,否则会有一定的局限性,另外,故事意义的拓展也是十分重要的,这是很多教师容易忽视的方面。要做到以学生为本,前期的准备工作,是要有充分的提前量的,就是说,活动操作的开始实质是活动的过程,前期对学生个性特征的研究，以及情感的培育，都是需要时间、智慧上的投入的。

2. 班主任要成为学生的精神关怀者，有时需要小心地澄清一些价值问题的实质，或提升某种基本观念，而不是只是让学生记住故事的情节和一些细节。单纯的故事的价值往往是有限的，若使它们变得富有意义，就必须把它们编进到整个活动的合适环节。活动是有形的，时间是有限的，但是教育启示是无形的，影响是深远的。其实，班级活动也是熏陶和影响学生的一种方式。

3. 让学生在活动中体验某一个人物角色，按角色的需要去思考、行动，体验该角色人物的心理、思想，学习、模仿积极的思维方式和行为，让同学在创设的情境中感受和移情，达到"互动互助、助人自助、促人自悟"的效果。这是个高级复杂的思维和情感过程，是种特别的班级活动形式，需要有高超素养的教师的引导和控制，最好他还要参与其中，既要有适当的情感介入，还要通过参与，更真切地感受每位学生的个性特点，也要有超脱的宏观把握，帮助学生去开发其情感潜能，适时地激励，恰当地指导，积极地评价。活动中，老师虽然不能对每位同学的反应都有充分的预见，但对学生整体的情绪，却是可以进行经验性的预设，因此，要随时关注学生的情绪体验和反应，适时地做出恰当的指导，并要对学生的情感困惑进行启发，帮助学生思考和寻求答案。答案不必是统一的，应鼓励同学们尊重差异，允许不同见解的存在，对引发争议的问题，要格外关注并给予恰当的指导，也许争议的问题还可成为十分有价值的班级活动的素材。

此外，这个案例给教育工作的启示是：教师千万不要过于主观地低估学生的思想、情感，即使是小学生，也要对人生给予深刻思考，也要锻炼其自主解决问题的能力。教师的智慧和能力有时也体现在通过创设一定的情境，设置具有挑战性的问题，去激励学生进行超越性的思考，进行创造性的思维，进而锻炼学生自主解决问题的能力。

第三节 设计与组织个性发展类班级活动时应该注意的问题

以"活动"本身来说,灵魂在于"活"字。班级活动是变动不定的,它意味着活动的目的,是来自学生的需要……在活动中,用什么形式?注入什么内容?如何控制?时间如何安排?如何评价?修正的依据在哪里?这些问题都应依据学生的经验、意向、兴趣和能力水平等来决定。

因而,活动的"活"就应体现在活动的创造性上。另外,由于班级活动越来越呈现出课程的品质,因此更需要系统规划、精心设计、严密组织。如何让学生在班级活动中的地位发生根本的变化——由原来的"活动中的人"变为"人的活动",使其自主性得到一定的张扬,主体性得到发挥呢?如何体现活动中的这个"活"字呢?要注意以下几个方面:

一、注意配合学生的特质和身心发展

每个人天生都是与别人不同的,可以用独特的方式证实自己的存在和价值。在这个意义上来说,班级是个充满生机的异质性群体。但是,构成班级群体的学生在年龄、情感表达、心理特征、思想深度等方面的个性发展程度上,又都具有相似性,因此,班级又是个具有同质性的生活空间。在这样一个既有异质性,又具同质性的班级群体中,活动的设计组织必须要考虑到在形式内容上,要配合学生的特质、身心发展。

对小学生而言,对比鲜明、强烈、不断变化,富有新异性的刺激易于引起他们的直接兴趣;而对活动的目的与任务,或活动结果的意义与价值的理解,则往往能够激发他们的间接兴趣。小学生最感兴趣的是具体事实和实际活动。如阅读故事、小说,进行体育活动,做游戏等等。因此,低龄的学生要以激发兴趣、培养习惯为主,体现初步的自主性和能动性,借助游戏的形式,形象思维的方式,发展学生的形象思维能力。到了中年级,儿童才逐渐对反映事物间的因果关系的较抽象的知识有了初步的兴趣,如内心体验、自然现象的规律、文艺作品的意义等等。因此,对初中学生要以激发领悟为主,多设计些群体活动,增加思辨、讨论、反省的环节,在形象思维的基础上来发展逻辑思维。高中生是逐渐以自我评价、自我调控为主的,体现为较强的自主意识和能动性,且充满着萌动的创造性,逻辑思维能力在一步步地加强。

在不同的年龄阶段、不同的班级群体中,个性发展呈现出的特征是不同的,这些科学规律要落实在活动的设计组织中,绝对不能错位。对通过游戏的方法进行学习的活动感兴趣的是低年级的学生;中年级之后,游戏因素在儿童兴趣上的作用就逐渐降低了。全国优秀班主任、特级教师丁榕老师就是通过对初中生的生理、心理、思想特点进行分析后,抓住本校学生的特点,结合不同年级的特点,以及发展变化规律(初一年级的新鲜感、初二年级的松弛感、初三年级的紧张感),开展了针对性的活动,收到了十分好的效果。

个性完善类的班级活动,要让学生成为自己的主人。有效的活动是建立在学生的已有经验兴趣基础之上的,没有学生的主动参与、原有经验的建构、灌输和强迫都是低效的,甚至还是无效的。在活动过程中,学生可根据自己的需要、兴趣来确定参与的方式,根据自己的知识结构、个性特长、前期的准备情况,选择个性化的活动,确立个性化的活动目标。班级活动,要尽量能让学生做到自动提出、自行设计、自主组织、自己评价、自觉修正。

二、注意体现活动的结构和系列规划

学生的心理、生理、心灵都有一个成长的过程。在个性不断发展的过程中,班级活动应该不断地去关注、研究他们的成长问题,一个或几个班级活动是绝对不够的;在形式策略上,不讲究连贯和关联的活动也是不可以的;在内容上,不具有递进思考的班级活动是很难有成效的。总之,没有系统规划的、成系列的班级活动,往往会成为"走马观花"、"蜻蜓

点水"式的活动,不可能在根本意义上解决学生的个性发展中存在的问题。

"系列性活动,它是围绕一个教育主题开展的多层次、多侧面的相互关联的多次活动的总称。特点是:在一个较长的时间内(学期、学年)围绕一个主题、专题,用一定的形式把若干活动有顺序地组织和串联起来,有目的、有计划、有步骤地由易到难、由浅入深地分阶段地开展活动,让学生在某方面受到较为系统、完整的教育。"

三、注意活动资源的开发和整合利用

学生的个性差异,其本身就是个丰富的资源。个性完善类的班级活动,就是在这一丰富资源的基础上,通过活动不断地去发现人才,启发智能,开发潜能,增长他们的才干。从这个意义上而言,学生本身就是活动的资源,学生的能动性、自主性、创造性的充分发挥,就是资源的开发。个性完善类的班级活动,就是要使学生个体的潜力得到一定的发挥张扬,使学生的才华得以施展,创新能力得以拓展,准确地找到自己的发展方向。

从活动资源的开发上来看,家庭、学校、社区、社会的方方面面,就是班级活动的最鲜活的资源。如何充分开发这些资源,将各类资源都加以整合利用,发挥整体的教育功能,是个性发展类班级活动最先要思考的问题。在老师、家长、学生中,老师是最积极主动的,家长是配合,但是却需要指导的,学生是充满活力,且最终受益的群体。所以,班级活动可以走出校园去请家长来参与,并要服务于社会。

在活动资源的组织形式上看,要想提高效果,班级活动必须在形式策略上下功夫。有的班级活动过于正式,就轻视了随机、随时的策划,拘泥于一定的固定模式。其实,班级活动不必贪大求全,可删繁就简、短小精悍,利用点滴时间来开展,因时制宜、因地制宜,既简易又要节约。

相反,有的班级活动就显得过于随意,本意是想抓住身边的人和事,但因为流于草率,忽视了系统的规划和多种形式的有机结合。有的班级

活动的形式,虽然是呈周期性重复的,但却推陈出新和大胆尝试,有针对性地修改,不断追求更好的效果。有的班级活动虽来源于教育实践,却缺乏深度的开掘,流于应景,十分肤浅。有的班级活动还可随着季节气候,及至环境的变化调整开展方式。总之,班级活动的形式是多样的,虽然在设计组织过程中注重了形式的多样性,但是,注重形式并不等于注重形式策略。形式策略讲究的是根据时间、空间、条件、对象、情感、主题等一些变量,恰如其分地把形式和内容结合得恰到好处,或者是把多种形式组合起来,发挥其最大的效果。

在活动资源的整合利用上来看,班级活动可以结合学科内容来进行,与课程整合开发出有新意的形式。家长、老师、同学是班级活动中最重要的人力资源,而且,日常生活中的错误资源、意外资源、创新资源都是班级活动的最鲜活的资源,一定要注意留心捕捉,否则可能就会错过最佳的教育时机。

第六章 研究型活动的设计与组织

活动一：与爱一起成长

一、活动名称：与爱一起成长——三年级生命教育班级活动方案

二、活动日期：2012－3－12

三、活动目标：

1. 通过各种形式，抒发感激老师、感激父母、感激同学的情感，表达感恩的心。让孩子们感受到自己的身边充满了爱心，培养学生的感恩意识。

2. 通过游戏，培养学生关爱他人的习惯，营造温馨和谐的班级氛围。

3. 知道自己在不断长大，增强自信心，为理想而努力。

四、设计依据：

在常武地区，一般都要给孩子"做周岁"、"做十岁"，因为这两个是大生日，标志着孩子从婴儿到儿童、由儿童到少年的成长。而这种大型的生日聚会，除了吃吃喝喝、大收红包之外，对于孩子思想上的成长并无多少裨益，没有让他们自发感受到十岁少年的成长与应承担的责任。加上在日常生活中，"6＋1"（6个家长＋一个宝宝）的家庭模式让学生的"骄、娇"之气日益见长。在每个孩子身上，自私、冷漠、懒惰等不良习惯竟然如影相随，十岁，年少不更事；二十岁，还是懵懵懂懂。这一代孩子，他们被爱包围，在爱中成长，却感受不到爱的存在，更别说回馈真爱了。本次活动旨在让我们的孩子"感受真情，传递真爱，与爱一起成长，"懂得感

恩,懂得珍惜。

五、活动环节

教师活动

(一)回顾成长过程,感受真情

1.多媒体展示三位同学从出生到十岁的照片。导入语:大家看,多可爱的小宝宝啊!哦!他会笑了,会走路了,还会跳舞呢!

2.当你们从呱呱坠地的那一刻到现在变成亭亭玉立的小姑娘,一米四左右的准小伙子,十年,三千六百五十个日夜,你们的爸爸妈妈付出了多少?请大家算一算。数字很惊人吧!看这些同学在家里家长给拍的照片。你感受到了什么?

3.上个星期我们班开展了一个有趣的体验活动,同学们也有模有样地当了七天爸爸妈妈,你的"护蛋行动"成功了吗?说起护蛋啊,大家都有很多话要说吧?

4.同学们当了七天父母就受不了了,爸爸妈妈照顾你们三千六百五十天,就有三千六百五十个故事吧?也许会更多?谁来说说?

学生活动

1.看班内部分学生从小到大的照片。

2.学生交流自己感受到的父母的忙碌与辛苦。

3.交流"护蛋行动"体验日记。

4.谈谈其中令自己印象深刻的故事。

设计意图

1.通过回顾自己的成长过程和父母忙碌的照片,看到父母为自己成长的付出。

2.体验父母养育孩子的艰辛,对孩子无微不至的关爱,使其心灵受到震撼。

（二）互动游戏：真情大碰撞

1. 刚才大家讲的故事都很有趣，但我发现一个规律：故事的主角都是自己。你们知道吗？妈妈们聚在一起，谈的最多是什么？妈妈们买菜，总是先买谁爱吃的？家里有好吃的总是谁吃得多？不要沉默，今天我们就来进行一个游戏，名字叫"真情大碰撞"。

2. 看了游戏结果，大家有什么感想？

3. 小结：在父母无微不至的关爱下，不知不觉，你们健康长大了，你十岁了，你也十岁了，父母或许会给你过一个难忘的十周岁生日。

学生活动

游戏规则：选取三位同学和各自的家长上台回答五个问题，答对一题得一朵花，比一比谁更爱爸爸妈妈？

1. 妈妈最爱吃什么？

2. 妈妈是什么发型？

3. 妈妈生日是几月？

4. 妈妈的爱好？

5. 妈妈的口头禅是什么？

设计意图

通过互动游戏，了解孩子对父母的关心程度，使孩子受到教育，产生感恩之心。

（三）我十岁了

1. 因为十周岁，它标志着我们将从儿童时代跨入少年时代，是我们人生的第一次重要转变。中国有句古语："子欲孝而亲不待"，意思是子女想要为父母尽孝道时，想回报父母恩情时，父母已离开了人世。所以，我们不要到那时才追悔莫及。心动不如行动，让我们从现在开始，为父母做些力所能及的事情，想一想十岁的我们可以为父母做些什么？小组讨论一下。

2. 小组讨论:自己可以为父母做些什么? 讨论好后写在"心愿卡"上。

3. 各组派一名代表把"心愿卡"贴在黑板上的爱心树上。

4. 交流补充。(播放歌曲《我的好妈妈》)

5. 小结:同学们想做的都是有意义的事,都能体现你们对爸爸妈妈的爱。但爸爸妈妈并不要求你们每天都这样做,他们要求的并不多。就像这首歌曲中唱的一样……

6. 学生齐唱《我的好妈妈》。

设计意图

让学生意识到自己十岁,是有独立感情的少年了,应该更为懂事,应该懂得关心父母,回报父母。

(四)交流"三个一",传递真爱

1. 是啊,爸爸妈妈和你们一样,也需要你的关心、理解和爱呀!给爸爸妈妈这种爱也不难,只要有心,做到这"三个一",爸爸妈妈就乐开怀了!

2. 出示材料。

3. 齐读:一句贴心的话;一个温馨的动作;一份感恩的真情。

4. 小结:每天,我们怀抱对父母的感恩之心,尽力做到这三点。我想爸爸妈妈一定会说:"我的孩子真的长大了!"让我们从现在就开始这"温暖的三个一"行动吧!

引导学生用合适的、贴心的方式表达自己的感恩之心,传递自己对父母长辈的真爱。

(五)十岁宣言

1. 今天,我们班每个同学都十岁了。在这个特殊的生日里,我们一起对着这摇曳的烛光,默默地许下自己的愿望。

2. 大家一起许愿。

3. 有三位同学非常幸运,因为他们的生日恰巧是这个星期。就是我们班的黄歆宇、马泉伟、邹佳慧同学。让我们用热烈的掌声欢迎马泉伟代表全体同学吹灭蜡烛。

4. 马泉伟代表全体同学吹灭十岁生日蜡烛。(掌声)

5. 今天,马泉伟的妈妈也特意赶来为他祝福,并代表所有的爸爸妈妈祝福大家节日快乐。

6. 马泉伟妈妈致祝福词。

让我们一起谢谢妈妈的祝福!

7. 来,让我们用一个温暖的拥抱谢谢来自把爸爸妈妈的祝福。家长没来的同学,可以拥抱同学、老师,因为我们每天都在爱中成长,这爱里不仅有家长的疼爱,还有老师的关爱、同学的友爱啊!来,伸出你热情的臂膀吧!让我们牢记:我十岁了,我在爱中成长,我每天也要给爱我的人一份真爱!大家看,这些小脚印逐渐变成了大脚印,这就是你们成长的足迹。以后,你们的脚印还会更坚定的!下面请黄歆宇同学代表大家作精彩的十岁宣言。

8. 尾声:让这首优美动人的《让爱住我家》表达我们的真情!让摇曳的烛光见证我们的成长!让甜美的蛋糕传递我们的爱!

学生活动

全体学生道一声:"爸爸、妈妈,谢谢你们!"

播放生日歌,学生一起唱响生日快乐歌,共同祝愿自己十岁生日快乐!紧紧拥抱三十秒!

设计意图

营造温馨、和谐、快乐的集体生日氛围,在庄重的十岁宣言中,真正长大！感受到,关爱父母并不难,在乎用心!

(六)活动总结

请大家记住今天难忘的十岁生日,记住每天给爱你的人和你爱的人一句贴心的话,一个温馨的动作,一份感恩的真情！记住我们"在爱中——成长"！

通过再次呼吁,让"与爱一起成长"的活动真正落到行动中去！

活动二:现代人与健康的问题

【活动的背景】

健康是人类的永恒话题,是每个人都在追求的目标。我们的行为将直接关系到我们的身心健康,现在的都市人都是在学习、家庭、工作中奔波的,也是在压力、动力下奋斗的,一方面健身、保健、旅游已成为时尚;另一方面电脑病、过劳症、节日病正在新鲜出炉。现代人到底是如何对待工作和休闲的呢？人们对健康有着何种的理解？就此问题,我们进行了访谈和问卷调查。

【设计的访谈表】

您的年龄:　　　　　职业:

问题:

1.您理想中的健康生活是什么样子?

2.您认为饮食、心理、运动、生活规律哪个对健康更重要?

3.有些保健品正在风靡全球,对此您有何看法?

4.您觉得自己所从事的职业影响了您的哪些生活规律?

5.如果条件允许,您最想改变的生活方式是什么？为什么要改变它呢?

【设计问卷调查表】

1.您觉得自己的工作(学习)压力程度:

A.很轻松,没有压力 　　　　　　B.比较大,自己感觉很累

C.适当,自己通过努力可以胜任 　　D.很大,自己难以承受

2.您遇到困难时会怎样处理:

A.唉声叹气,悲观失望 　　　　　　B.寻求家人和朋友的帮助

C.逃避现实,束手无策 　　　　　　D.勇敢面对,争取解决

3.您每天用电脑(或看电视)的时间是:

A.2 小时以上 　　　　　　　　　　B.不超过 2 小时

C.半小时以内 　　　　　　　　　　D.从来不用

4.您经常有疲劳的感觉吗?

A.一直觉得疲劳

B.偶然有,但很快可以恢复

C.经常感觉很累,很长时间才能恢复

D.几乎没有

5.在节假日,您最常做的活动项目是:

A.旅游,去公园 　　　　　　　　　B.和亲朋相聚,一起大吃大喝

C.大睡一场,通宵上网 　　　　　　D.加班工作

6.平均每月,您就寝的时间在凌晨 2 点以后的次数是:

A.4 次以上 　　　B.1~2 次 　　　C.3~4 次 　　　D.没有

7.您平均每月运动量是多少次(一次运动时间持续半小时以上)?

A.4 次以上 　　　　　　　　　　　B.1~2 次

C.3~4 次 　　　　　　　　　　　　D.没有

8.您日常的饮食习惯是:

A.喜欢的就多吃,不喜欢的就少吃

B.工作学习太忙,吃饭时间没有规律

C.没有太多考虑,顺其自然

D.注意营养搭配和膳食均衡

9.您对自己生活环境状况的满意程度是:

A.不满意,环境污染严重 　　　　B.比较满意,环境污染少

C.一般,有一些环境污染 　　　　D.很满意,没有什么环境污染

10.您对自己健康状况的评价是:

A.不太健康 　　　　　　　　　　B.一般,还可以

C.很健康 　　　　　　　　　　　D.很糟糕,不健康

【活动的反思】

针对现代人的健康话题,在学生进行的活动设计中,既有问卷调查,又有个别访谈。在问卷调查中,问题涉及到了饮食、工作、休息、娱乐、运动、环境等诸多因素,对被调查者比较全面地进行了调查,有利于得到完整准确的材料。访谈表的设计也很有特点,有对敏感问题(保健品)的探讨,有对健康生活的个人看法,有对不同职业的生活方式改变的溯源,探讨的话题都是时尚睿智、生动有趣的,相信,一定会引起被访谈者的共鸣。

活动三:煤气中毒的紧急救护

一、活动目标

知识与技能:学习预防煤气中毒的有关知识,掌握煤气中毒时自救互救的本领,具体包括自律性、协调能力、体验爱心。

过程与方法:让学生在活动中发现自己解决问题的资质和能力、体验表达、合作、交流等过程。

态度、情感、价值观:激发学生使其具备当家中遇到危险时所必需的

资质和能力,培养学生适应社会;学会生存;学会合作;以智、德、体协调发展为目标。

二、活动准备

1. 活动资料:关于煤气中毒症状的资料、图片、幻灯片、文字说明

2. 活动工具:铅笔、笔记本。

三、活动方式

调查、收集、讨论、展示、记录、交流。

四、教学过程

(一)创设情景,明确主题

随着人们生活水平的提高和改善,越来越多的人们住进了高楼大厦,汽车、摩托车、煤气、电器等物品逐渐走入千家万户,成为城市居民家庭中必不可少的生活用品。可是,我们也看到这些生活用品如果使用不当,也将会给人们带来极大的危害。

同学们,你们知道吗,日常生活中我们有可能会遇到哪些灾难和危险?

看到这么多的灾难和危险会出现在我们的生活中,你们有什么想法?

怎样去收集和这些危险有关的信息资料,并从资料中找到自救、自护的本领呢? 这就是我们这个"安全自护我能行"活动的目的和意义。

希望每个同学在安全自护这个主题的学习中掌握好求生自救的本领,做到安全自护我能行。

(二)提出问题,自主学习

1. 提出问题

由于生活的需要,越来越多的家庭在做饭、煮菜和洗澡等方面都用上了煤气。有资料显示,煤气中毒已经成为家庭中最大的安全问题。请

看网上公布的这些资料:

(电脑显示)

今天,老师和同学们一起先从煤气中毒开始,从各种煤气中毒的小资料中寻找出煤气中毒的预防和自救方法。希望通过今天这节课的学习,帮助同学们找到一个探究自救知识的方法。

要预防煤气中毒并学会自救,我们要了解哪些问题?

板书:产生原因,中毒症状,产生后果,自救方法。

2. 资料交流

课前,老师布置同学们收集了一些和煤气中毒有关的文字资料,谁能和大家说说自己收集到的是哪方面的资料?

请几位学生上台汇报。

小故事:生存教育教我这么做

看来,我们要找的问题的答案就藏在这些收集的资料里,请各小组的组长上来领取一份表格,小组里的同学合作讨论,把这些问题填进表格后,并在资料中寻找答案。

3. 汇报

要是发现家人或别人煤气中毒了,你知道应该怎样做吗?(课件出示)

家庭中如发生煤气中毒,应采取的措施:

(1) 立即打"120"急救电话,等待医生的到来;

(2) 同时立即打开门窗,移病人于通风良好、空气新鲜的地方,注意保暖。

(3) 松解衣扣,保持呼吸道通畅,清除口鼻分泌物,如发现呼吸骤停,应立即进行口对口人工呼吸,并作心脏体外按摩。

(4) 查找煤气漏泄的原因,排除隐患。

以上几种方法,有时不一定都会用上,我们一定要知道这是遇到煤气中毒情况时必须要做的。

介绍人工呼吸小知识(看录象)。

4. 学打急救电话

体验活动：当你发现家里有人煤气中毒了,怎样打急救电话?

在小组里模拟表演一下,然后总结打电话要讲清楚的问题。

5. 活动评价

刚才的活动中你认为谁是观察最仔细的同学,谁最具有合作精神?

6. 学习自救拍手歌

煤气中毒不慌乱

捂住鼻子,开门窗

关紧阀门,别忘记

打电话,要出门,

求助警察和朋友。

7. 小结

今天的"安全自护我能行"让你学到了什么?

今天的活动我们学会了从什么地方收集自救的方法?

(三)课外延伸

我们身边隐藏的危险还有很多,各小组讨论一下,选出你们最关心、最想研究的是哪一种?

好,就请同学们按照自己所关心的问题课后去收集资料,比一比,看谁学得最好。

活动四：绿色生活的调查研究

【活动的背景】

伴随着现代文明的发展,地球已经在承受重负,资源和能源正不断地被消耗,环境也被严重破坏。所以,保护环境就成为了当今世界上每个国家,乃至每个人的首要任务。

开展"走进绿色的生活"的活动,目的是让学生了解到更广泛意义上的环境保护,了解到自己举手投足都会是环保行为。将环保与生活紧密地联系起来,让学生知道:环保对自己、对家人、对社会、对他人,乃至对整个地球的重要意义。

为了让每个学生真正地认识绿色,了解绿色,明白绿色生活的含义,进而成为绿色天使,提升环保教育的内涵,结合本校绿色学校评估内容,以及"世界环境日"等活动,我们开展了这次课题研究活动。本课题主要是通过对环境保护知识学习、问题研究,让绿色溢满校园,融入教师的视线,渗入学生的心田,并通过一系列的探究活动,让学生们逐步地感受绿色环保教育所带来的心灵净化的生命体验,让学生对环保有深入的了解,增强保护环境的意识。同时,培养学生的实践能力、合作能力以及调查研究能力、探索能力。

【学习的方式】

1.走出课堂,就绿色生活环保课题进行科学调查研究。

2.学生根据自己的兴趣,自由选择研究的主题,以自愿的形式组成研究小组,推选活动组长,小组成员进行分工。

3.了解分析研究主题内容,制定研究主题计划。

4.通过多种途径调查搜集,并整理相关的资料。

5.采用观测、收集、采访等方式进行学习活动,了解人们对于绿色生活环境保护的理解和行为。

6.设计并实际参与环保活动,注重资料的收集。

【设计问卷】

绿色生活学生问卷表（一）

班级： 姓名： 性别：	年龄：	
1.你认为我们学校的环境怎样？	不漂亮（ ） 一般（ ） 非常漂亮（ ）	
2.看到别人乱扔垃圾现象,你会怎么做？	告诉他这样做不对（ ） 帮他捡起来（ ） 我才不管它呢,只要我不扔就行（ ）	
3.有了垃圾,你会怎么做？	扔到垃圾桶里（ ） 有时扔到垃圾桶里（ ） 极少扔到垃圾桶里（ ）	
4.看到地上有垃圾,你会捡起来吗？	会（ ） 有时会（ ） 不会（ ）	
5.你的房间多长时间整理一次？	很少整理（ ） 爸妈批评了才整理（ ） 经常整理（ ）	
6.你认为节约是环保行为吗？	不是（ ） 是（ ）	
7.你觉得废电池该怎样处理呢？	回收利用（ ） 扔进垃圾箱（ ） 随手扔掉（ ）	
8.你做过废物利用的事情吗？	有时做（ ） 经常做（ ） 没有做过（ ）	
9.你或家人用过一次性饭盒吗？	有时用（ ） 经常用（ ） 很少用（ ）	
10.在路过比较脏的地方时,你会有什么感觉？	不想再从这样的地方经过（ ） 无所谓,没什么关系（ ）	

绿色生活学生问卷表(二)

班级：　　姓名：　　性别：　　年龄：	
1.房间无人时你是否熄灯？	不熄灯（　） 有时熄灯（　） 熄灯具（　）
2.你认为深圳是缺水城市吗？	不缺水（　） 有点缺水（　） 非常缺水（　）
3.发现水龙头滴水时,你会主动去关吗？	经常会（　） 有时会（　） 不会（　）
4.你参加过环保活动吗？	参加过一些（　） 参加过的比较多（　） 没有参加过（　）
5.你觉得垃圾可以利用吗？	全部可以利用（　） 有些不可以利用（　） 都不能利用（　）
6.看见别人乱扔垃圾时,你会怎么做？	跟着别人一起扔（　） 要放进垃圾箱里（　） 到时候再说（　）
7.在家里和在学校,你会一样地讲卫生吗？	一样讲究卫生（　） 在家不太注意（　） 在学校不太注意（　） 一样不讲究卫生（　）
8.你践踏过草坪吗？	没有（　） 为了方便,有过（　） 经常踩草坪（　）
9.如果同时有发泡餐具和纸制餐具,纸制的比较贵,你会使用哪种？	纸制餐具（　） 发泡餐具（　）
10.你认为环保和人的健康有关系吗？	没有（　） 关系不大（　） 有很大关系（　）

绿色生活、环保知识检测题（一）

班级：

姓名：

一、选一选

1.节约用纸就是保护森林的实际行动。（　）

A.不是　　　　　　　B.是

2.所有的垃圾都是不可回收的吗？（　）

A.不是　　　　　　　B.是

3.你有没有循环再用的纸张？（　）

A.没有　　　　　　　B.有

4.看到地上的垃圾你会捡起来吗？（　）

A.会　　　　　　　　B.不会

5.你做过废品利用的事情吗？（　）

A.没有　　　　　　　B.有

6.你在校外跟在学校一样讲卫生吗？（　）

A.不是　　　　　　　B.是

二、画一画

你理想中的垃圾桶是什么样的？请自己动笔设计一下。

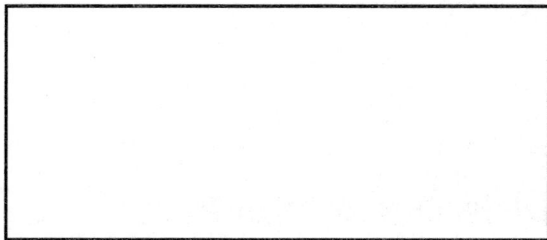

三、写一写（任选一题）

1.节约资源就是环保，你同意这个看法吗？在日常生活中，你为减少污染和节约资源做过些什么？

2.水是生命的乳汁，你能为我们的日常生活提几条合理的节约用水的建议吗？

绿色生活、环保知识检测题(二)

班级： 姓名：

一、生活中你发现了多少不同的垃圾？看谁知道的最多。

二、将垃圾分类后放在不同的垃圾桶里。

三、说说你为什么要把它们放在同一个垃圾桶内？

【教师问卷表】

年龄： 性别：

1.你会经常循环再利用以下哪几种物品？（可选多个）

（ ）玻璃（瓶……盒……）

（ ）塑料（瓶……盒……）

（ ）纸张

（ ）铝罐

（ ）其他：

2.在一周内,你使用了多少个发泡塑料饭盒？

（ ）零个

（ ）少于五个

（ ）多于五个

（ ）多于十个

3.请选出以下三种你常用的交通工具？

（　）私家车

（　）巴士

（　）的士

（　）巴士或公共小巴

（　）地铁或火车

（　）单车

（　）电车

（　）步行

4.每天工作后，你会用掉多少纸张？

（　）少于十

（　）多于十

（　）多于二十

（　）多于三十

（　）多于四十

【设计调查表】

调查表 1:学校里的垃圾死角

位置	垃圾种类	拍到的照片(粘贴)
我的感想		

调查表 2:学生对垃圾危害的看法

垃圾种类	有无危害	调查情况	垃圾种类	有无危害	调查情况
	没有( )			没有( )	
	不清楚( )			不清楚( )	
	有( )			有( )	
	没有( )			没有( )	
	不清楚( )			不清楚( )	
	有( )			有( )	
	没有( )			没有( )	
	不清楚( )			不清楚( )	
	有( )			有( )	
	没有( )			没有( )	
	不清楚( )			不清楚( )	
	有( )			有( )	
通过调查后我的想法					

调查表 3:你知道为什么这些垃圾是有害的吗?

垃圾的种类	危害性	产生危害的原因	如何知道的

调查表 4:垃圾和害虫

自然界中有哪些害虫？那一类的害虫最多？

害虫的名称	生活的地点	产生的原因	有何危害

调查表 5:关于废纸的调查

有哪些废纸	调查情况 （你扔过哪些废纸）	有哪些废纸	调查情况 （你扔过哪些废纸）

校园内的废纸是如何处理的？

我认为废纸应该这样处理：

减少废纸产生的建议：

调查表 6：寻找和发现绿色生活现象

班级：_____ 姓名：_____

我找到的绿色生活现象	我发现的绿色生活现象

第七章　合作型活动的设计与组织

活动一：茶与健康

【活动的背景】

众所周知,茶的历史源远流长,文化内涵也相当厚重。深圳是座新崛起的移民城市,它从独特的经济文化形态,已经成为了中国的窗口。来自全国各地的移民,也带来他们各具地方特色的茶文化,并相互影响渗透,使深圳的茶香更浓。留仙小学五年二班同学确立了"茶与健康"的活动主题,通过深圳这个窗口,了解中国各地的茶文化,饮茶习俗,探究茶与人体的健康,从而形成科学的饮茶之道。

整个活动,由六个探究小组来分工进行:茶历史组、茶种类组、茶文化组、茶道组、茶功能组以及茶健康组。课题研究从产生研究小组到小组分工、小组活动,再到小组汇报,都由学生来自主开展,体现了学生的自主探究学习精神。

【小组的活动】

一、提出问题并归纳

活动的主题确定后,教师提出问题:对于茶,你们都了解了什么? 你们还想知道哪些? 教师要求学生写出来。学生都十分积极,问题远远多于自己所了解的范围。如:人饮茶是在什么时候开始的? 茶都有些什么功效? 怎样才能泡壶好茶? 怎么辨别茶叶? 隔夜茶能喝吗? 为什么久泡的茶不能喝呢?

教师把学生们所写的典型问题,全都列到了黑板上,然后,让学生将近似的问题合并起来,并把这些相同的问题概括成简练的词语。于是,六个问题就出来了：茶历史、茶文化、茶种类、茶功能、茶道、茶健康。学生们根据以上的六大问题，自主地分成六个调查小组。

二、小组分工，并确定任务

调查小组成立后，教师发给学生们一张小组分工表，让各小组讨论需要调查探究的方向及解决方案。

调查小组名称：	
组长：　　　　组员：	
研究任务：	
实施方案：	

经过讨论，每个小组都制订了自己的活动计划，大致如下：

1.历史组

研究内容：茶的传说、起源、影响

活动方式：上网查资料

2.文化组

研究内容：古今有关茶的诗词歌赋、文化、礼仪

活动方式：调查访问、网络了解

3.茶道组

研究内容：种、采、泡、品的学问及茶艺术

活动方式：调查访问、上网搜集资料

4.茶种类组

研究内容：研究茶的品种、名称、区别、特点

活动方式：上网调查、去茶庄访问

5.茶功能组

研究内容:除了饮用之外,茶叶还有哪些其他功用

活动方式:实验、上网查询、调查访问

6.茶健康组

研究内容:研究茶同人体健康的关系

活动方式:实验、调查访问、上网调查

三、分工合作,调查研究

在接下来开展的学习活动中,既有小组各自分工展开的活动,也有小组间的合作交流。有几个小组都走进了茶庄,带着各自既定的学习目标、问题去调查。综合问卷,则由大家来共同调查。

小组调查的活动记录

时间: 小组: 调查人:

你家有( )人,经常喝茶的有( )人,少量喝茶的有( )人。		
你家经常喝的茶是( )A.红茶 B.绿茶 其他( )		
你家经常喝的茶的品种有( )A.乌龙茶 B.铁观音 C.龙井 D.碧螺春 其他( )		
你一天大概喝( )A.一杯 B.两杯 C.三杯 D.三杯以上		
一般在( )时候喝茶 A.起床后 B.饭前 C.饭后 D.睡觉前		
你一般在一天的( )时间段喝茶 A.早上 B.中午 C.下午 D.晚上		
你觉得喝茶对我们的健康( )有益(A.是 B.没有)		
谈谈你对喝茶的看法:		
调查对象		调查地点	
调查方式		备 注	
调查内容			

四、小组汇报与评价交流

一个阶段的课题研究结束后,开始展示学习成果之时,每个学习小组都各显神通,纷纷以独具特色的形式展示和交流自己的调查研究结果。同时,教师也给学生们设计了评价表格,让学生既展现自我,又要学习他人。

茶历史组:PowerPoint 演示文稿,茶历史发展图谱。

茶文化组:PowerPoint 演示文稿,茶诗词对联朗诵。

茶种类组:PowerPoint 演示文稿,茶图片实物展示。

茶功能组:PowerPoint 演示文稿,实验证明。

茶道组:PowerPoint 演示文稿,茶道表演。

茶健康组:PowerPoint 演示文稿,广告设计。

《茶与健康》活动评价表

评价人(教师、学生):

小组名称 \ 评价内容	知识性 (☆☆☆☆☆)	研究性 (☆☆☆☆☆)	合作性 (☆☆☆☆☆)	参与性 (☆☆☆☆☆)	总评
茶历史组					
茶文化组					
茶种类组					
茶功能组					
茶 道 组					
茶健康组					
请在评价表内填写得☆个数,在总评栏填写总得☆个数					

【活动的反思】

通过分组和分工,学生们都更加明确了自己的研究方向,不再像只无头苍蝇一样无所适从了。在分组的过程中,学生提出了许多有研究价值的问题,振奋了他们探究问题的决心。提出的问题都远远地超出了自己的知识范围,因为这些问题,才产生了《茶与健康》的各个活动小组,这是大家都意想不到的事情。各个小组的有条不紊、分工合作,充分显示了大家的组织才能。

活动二：零用钱,我们该怎么花

一、活动背景

在社会主义市场经济条件下,人们的生活水平不断提高,尤其是一些个体工商业者家庭收入剧增,金钱代替了对孩子的教育。独生子女家庭,往往又是"缺什么也不能缺了孩子的花用"。再加上市场上的商品为了促销,不断迎合孩子的心理。这就造成相当一部分学生敢花钱,乱花钱,见钱眼开,整天零食不离口、玩具不离手。这样既不符合饮食卫生,严重地危害小学生的身体健康,又助长了小学生追求名牌、追求奢华、追慕虚荣的风气,毒害了小学生的心灵,使一些学生从小养成了追求享受、铺张浪费的不良品质。另外,小学生盲目模仿成人化人情消费现象正在滋生蔓延。过生日大摆宴席,赠送贺礼;要好的同学互相请客;一些学生把相互帮助变成了金钱交换关系,甚至用钱买作业。这种过多过滥的成人化的人情消费,毒化了同学间纯真的友情。更严重的是,由于受家庭、社会的不良影响,一些高年级小学生吸烟、喝酒、进网吧、打电子、穿奇装异服、涂指甲、留长发、染彩发等等,这些有害消费对小学生的身心毒害是十分严重的。

上述不良消费倾向的存在,严重影响了小学生的学习和良好道德品质的形成。所以小学生不良消费心理问题,是我们亟待研究解决的实际问题。我们力求通过此课题的研究,规范小学生的消费行为,正确引导消费方向,更好地为学生的健康成长服务。

二、活动目标

1. 通过活动,让学生认识到手中的零花钱来之不易,养成勤俭节约的良好习惯。

2. 通过活动,让学生在活动中获得亲身参与的积极体验和丰富经验。

3. 通过收集资料及调查、采访,培养学生的实践能力,发展对知识的综合运用和创新能力,形成从生活中主动地发现问题、解决问题的态度和能力,养成自主、合作、进取等良好的个性品质。

三、活动形式

1. 组织形式

与综合实践活动相适应的基本学习方式是自主学习、探究学习,该课题的实施要为发挥自主性、探索性、创造性提供广阔的时空,营造宽松的环境。主要做法:

(1)个人活动、小组活动、班级活动相结合;

(2)与家长一起活动。

2. 实践形式

(1)收集资料和信息;(2)参观、调查和访问;(3)研究、设计和劳动;(4)小组合作和交流;(5)规划、表达和反思。

四、活动安排

本次活动拟计划安排一个学期,分五个步骤:

1. 准备阶段——确定课题(两周)

2. 第一阶段——调查研究(六周)

3. 第二阶段——交流探讨(八周)

4. 第三阶段——总结反思(四周)

五、实践活动过程

(一)确定课题

一天,我班的王振、于琪同学放学后经过学校门口的商店,无意中发现商店里挤满了学生,他们有的从身上掏出一元、两元购买棒棒冰、汽水、羊肉串等零食;有的正兴高采烈地把这些零食往嘴里送。接着,他们在其他的小店铺里又发现了同样热闹的情景。他们看到这些,心中产生了许多的疑问:这些同学为什么有这么多的零花钱?这些钱又是从哪里来的呢?吃零食有什么坏处呢?这无数个的为什么一直困扰着他们。下午第三节综合实践活动课,他们就在课堂上把心中的疑问提了出来,没想到其他同学也深有感触。大家就这些问题展开了热烈的讨论。最后,他们一致决定以"零花钱,我们该怎么花"为主题,开展一系列的综合实践活动。

（二）调查研究

1.对学生零花钱数目的调查

课题确定了,同学们开始展开调查。王振、于琪、苗美玉、黄帅为一组,他们调查自己周围的同学的零花钱情况。他们通过询问、发调查表等形式展开调查。调查中,也遇到了许多波折,如有的同学不配合调查,随便应付调查,甚至认为我们这些调查者是无聊、爱管闲事。这一组的同学经过努力,终于完成了调查工作。

他们发现,受调查的大部分的学生每天的零花钱有一元左右。如果照这样计算,全校610名学生,每天就有610元,那么一个月就有1830元的零花钱。这么多?王振他们都吃惊地张大了嘴巴。这可不是一笔小数目呀!

学生日记:

今天第一节下课时,我叫住了一名在走廊上的同学。我跟他说了我们班的调查课题,请他能接受我的采访。他非常爽快地告诉我他身上的零花钱的数目。我又采访了一个,我真高兴。（于琪）

下午,我把调查表发给操场上一位正在打篮球的六年级同学。没想到他瞄了一眼调查表,就把表扔给我,顺口说了一句:"无聊!"听到这两个字,我的眼泪都要掉下来了。我觉得我好委屈。（苗美玉）

2.对零花钱的主要用途调查

我们的同学到底把这一大笔的零花钱花在哪里了呢？王飞龙、蒋有钱、韩春燕、陈静这一组的同学调查了零花钱的主要用途。经过暗中观察,他们发现,学校周边的食杂店、小吃店、玩具店是同学们经常光顾的地方。每天上学前和放学后,这些店里都挤满了同学,甚至连校门口的那些小摊周围,也吸引了不少的同学。看来,同学们的零花钱的主要用途就在这些方面了。

这一组的同学经过细致的调查,终于发现,大部分的零花钱都花在了零食、玩具上,只有极少的钱花在购买一些学习用品、课外书上。看来,大部分的同学都不是把钱花在真正该花的地方。

学生日记:

今天,天气很热,我看到我们班的一些同学到食杂店买了冰棒,还随手把冰棒纸扔在了地上。这简直太不讲卫生了。他们还边走边吃,有说有笑。（陈静）

下午放学后,我经过学校门口的小吃店,看到几个六年级的学生在里面吃着什么东西。我心里想,他们为什么会有这么多的钱呢？（蒋有钱）

3.对零花钱来源的调查

对于蒋有钱同学的疑问,其实我们很容易就能做出回答。我们这个年龄的孩子,根本没有经济收入,所有的零花钱都是爸爸妈妈或者是爷爷奶奶给的。这里的问题就是这些钱有多少是家长主动给的？有多少是这些孩子欺骗家长得来的？于是,李帅、孙凯、于振涛、蒋雯雯这一组的同学对自己要好的同学、小伙伴、邻居展开了调查。

调查的结果,他们简直都不敢相信:学生们的零花钱中,有近一半是通过欺骗家长得来的！欺骗的方式各种各样。这些同学为了钱,可真是费尽心机啊！调查组的同学不由从心底发出感叹:过多的零花钱不仅危害学生的身体健康,更危害到学生的心理健康！

学生日记：

今天，我采访了一位要好的同学。听说我要调查这个，她神秘兮兮地对我说："昨天，我骗我爸说我的圆珠笔丢了，我爸二话不说，递给了我两元钱。你看，多容易啊！"（于振涛）

4.对家长的调查

对学生的调查，让我们班的同学感到寒心。为什么我们的家长要给孩子这么多的零花钱呢？为什么我们的家长这么容易受骗呢？难道我们的家长都很有钱？不在乎这些钱？带着这些疑问，杨敏、董皓、杨俊、刘文哲这一组的同学展开了调查。

每天放学后，他们来到了校门口的家长中间，通过采访、发调查表，了解到我们大部分的家长的一些基本情况。原来，我们这些家长收入都不高，月收入在 2000 元以下的家长占了近 60%，而且这些家长学历不高，工作单位效益不好。

家长基本情况调查

家长们赚钱也不容易。这辛辛苦苦的血汗钱怎么就这么轻易给孩子呢？这只有一个答案：我们的家长们过度溺爱自己的孩子，孩子有什么需求，都要尽量满足。看来，家长也有错啊！

学生日记：

快放学了，我向老师请了一会儿假，来到校门口。啊，校门口的家长真多呀！我向一位阿姨走去。她很高兴接受我的调查。原来，她是五年级的一位学生家长，单位效益不好，她已经下岗了。每个月只靠孩子的爸爸赚的钱来养活一家人，但她每个星期还是会给自己的孩子几元作为零花钱。（杨敏）

（三）交流探讨

1.乱花钱的危害

调查结束了，我班的同学坐在一起，汇报自己的调查结果，交流自己调查的感受和收集资料的情况。大家七嘴八舌、兴致勃勃地讨论开了。见到此情景，我积极引导学生谈谈乱花钱的危害。

王飞龙：有的同学零花钱很多，所以在店铺里就乱买东西，还经常请同学吃东西，这就会养成花钱大手大脚的习惯。

杨俊：乱花钱会使生活困难的家庭更困难。比如一个同学爱乱花钱，他就会经常向爸爸妈妈要零花钱，这样就会加重家庭的负担。

刘文哲：很多同学用零花钱买零食吃。很多食杂店的零食都不干净，都是"三无"产品，吃了会拉肚子，危害我们的健康。

王振：有些同学有了钱，就上网吧，打电子游戏，这样不仅花钱，而且还影响了学习。

陈静：有的同学有很多零花钱，就会使零花钱少的同学感到很没面子。这样就会在学校里形成互相攀比的风气。这就很不好。

于振涛：有的同学零花钱用完了，就会想方设法去向家长要钱，甚至欺骗家长，这样就会养成说谎的习惯。长大了怎么办呢？

黄帅：有的男同学买了许多的卡通卡片，比谁的卡片多。有的同学在上课时还拿出来玩。学习都退步了很多。

韩春燕：乱花钱会使同学们认为有了钱就可以买一切东西，觉得钱是世界上最珍贵的。其实，世界上最珍贵的不是钱，有的东西用钱是买不到的……

听了学生的发言，我感到很欣慰，综合实践活动让他们长大了，懂事了，明白了事理。这难道不是比活动更重要吗？

2.怎样合理地使用零花钱

既然乱花钱的危害这么大，那么我们应该怎样合理地使用零花钱呢？在我的引导下，同学们又热烈地讨论起来。

于琪：我们应该把零花钱攒起来，把钱捐给贫困地区的少年儿童，让他们更好地学习。

蒋雯雯：前几天我看到报纸上登了几个需要帮助的学生。他们的学习成绩都很好,但是因为家庭生活困难,没办法继续学习。我们应该把钱捐给他们。

(学生的思维是活跃的,通过讨论使学生明白:我们口袋里的钱来之不易,零花钱要合理使用,胡乱花钱后患无穷。)

(四)总结反思

我们已经通过调查了解到,我们的零花钱来之不易,应该合理使用,不能铺张浪费。同时,我们也应该知道,还有许多贫困地区的小朋友不能像我们一样正常读书、生活,需要我们的帮助,我们应该节约零花钱,寄给贫困地区的小朋友,帮助他们。

1.如果每天我们每人节约一元钱,我校610名同学每天可以节约多少钱呢?

2.全国13亿人每天能节约多少零用钱呢?

3.如果500元可以帮助一名贫困儿童完成一年的学业,那么全国每人每天节约的零用钱可以帮助多少贫困儿童完成一年学业呢?

通过这一过程,让学生明白"聚沙成塔,集腋成裘"的道理。我们每天节约一元钱就可以帮助许多贫困学生走进学校,像我们一样愉快地学习、生活。我们应该珍惜今天的幸福生活,养成勤俭节约的好习惯,同时也应该把我们节约的零花钱寄给贫困地区的小朋友,帮助他们完成学业,为弱势群体奉献我们的一份爱心。

活动结束后,我们班的同学向全校同学发出了一封倡议书,向工商局、城管局、卫生局的叔叔阿姨们发出了一封建议书。

结合活动,学生自己撰写板报稿,出一期题为"节约一元零花钱,奉献一片爱心"的黑板报。

六、活动评价

在活动中,我充分利用了我们学校周围的有效资源,发挥学生的观察和调查研究能力,鼓励他们大胆钻研,勇于创新,培养他们的综合实践能力,同时也利用他们身边的事实材料,提高他们的思想素质和道德水平。但活动中,由于部分被调查的学生对活动的抵触,深深刺伤了我班同学的自尊心。另外,由于各种各样的原因,部分学生和家长在调查时没有说出准确的数字,因此一些调查的数据不是非常的准确。这也是本次活动欠缺的一个地方。

小学生零花钱情况调查分析及对策

为了让学生认识到手中零花钱来之不易,养成勤俭节约的良好习惯,培养学生的实践能力,提高学生的思想素质。我们开展了小学生零花钱情况的调查。

(一)调查结果

我们对调查结果进行了统计,结果如下:平均每位学生每月的零花钱大约是 25 元左右,其中用于购买零食的费用 8.4 元,用于购买玩具的费用 6.2 元,用于上网吧、打电子的费用 6.5 元,用于购买文具的费用 2.1 元,其他用处 1.8 元。

(二)分析

1. 由统计结果看出,目前小学生的零花钱用在零食一项上为最多,其次玩具,而用在文具方面的为最少。

2. 造成上述这种趋向的原因,我们认为大体有以下几个方面:(1)随着学生家长经济收入的普遍提高,致使一般工薪阶层每天给子女一两元零花钱成为极普遍的现象;(2)有不少家长溺爱独生子女,一味满足子女的消费需要;(3)学校门前有不少小吃店,诱使小学生乱花钱。

3. 调查所反映出的小学生零花钱消费趋向可能产生的后果应引起人们的重视:(1)养成大手大脚花钱的坏习惯;(2)造成零花钱消费的攀比现象,一旦在父母处索取不到,则可能采取一些不正当的手段来获取;(3)多吃零食对学生的身体发育是不利的,更何况不少零食是不合卫生要求,且含有激素、色素等有害物质。

(三)对策

1. 学校领导、教师要深刻认识对学生进行艰苦朴素教育的重要性。尤其是班主任老师,要采取多样的手段,向学生进行艰苦朴素、勤俭节约的教育。

2. 发动学生用自己的零花钱买一些有益的儿童读物,或者把零花钱积攒起来,开展献爱心活动,支援贫困地区的失学儿童。

3. 教师要多与家长联系,引导家长认识学生乱花钱的危害,请家长配合学校,做好艰苦朴素的教育工作。

4. 学校要取得社会各界的支持,清理学校门前的摊贩。

活动三:夏日午睡好,习惯养成好

一、活动主题

夏日午睡好　习惯养成好(一课时)

二、活动目的要求

1.通过一系列活动让学生明白夏季午休能消除疲劳,恢复体力,是长身体的需要。

2.使学生合理安全午休时间,养成夏季午睡的好习惯,更好地投入下午的学习和活动。

三、活动重点

使学生懂得午睡有利身体健康,能提高学习、工作的效率;学会午睡,养成好习惯。

四、活动准备

1.制作课件,拍摄一段录像。

2.每位同学填写一张"关于小学生午睡的调查"问卷(附后),老师收回并了解有关本班学生午睡的基本情况。

五、活动流程

(一)调查反馈,导入主题

1.向学生宣布"五一"放假后学校的午睡制度。

2.班主任老师对有关午睡的调查问卷作简单的反馈,并从学生谈到的"对学校午睡制度的看法、意见"切入质疑:学校为什么要年年在这段时间安排午睡课?

3.揭示活动主题:"夏日午睡好 习惯养成好"。

(二)相互启发,讨论明理"夏天午睡好处多"

1.课件出示图片(图片附后):

图一:炎热的夏天,太阳火辣辣地烤晒着大地。小强吃了中饭,冲出家门向外跑去。妈妈在后面大喊:"小强,现在才十二点,先睡一觉!"可小强已经跑远了。

图二:小强和同学志刚、兵兵在草坪上踢球,大家玩得汗流浃背。

图三:上课了,他们趴在桌上,眼皮沉沉的,一会儿就睡着了。

图四:作业整理课,这几个同学对着作业皱着眉头,只好咬笔杆了。

学生看图后讨论:

(1)这几位同学为什么会在课堂上睡着了?

(2)这样好吗? 对他们有什么影响?

2.讨论明理:夏天午睡有哪些好处呢?

(1)谈话:夏天最显著的特点是天气非常炎热,白天时间长,夜晚时间短。这些特点对我们的学习、生活有什么影响?

可分解成以下几个小问题讨论,并结合自己的平时情况谈谈:

① 夜短昼长,会影响人们的什么?

② 睡眠时间少了,人们会感到怎么样?

③ 缺少睡眠使人疲劳,那该怎么办?

(请两种学生发言:一种有午睡习惯,一种没有午睡习惯的。)

(2)讨论小结:夏季昼长夜短影响人们的睡眠,所以需要用午睡来弥补睡眠不足。另外,第二天早上刚起床精神还好,上午的学习、运动、活动使体力消耗大,再加上出汗多,人很容易疲劳。因此中午睡上一觉,可以恢复体力,消除疲劳,对身体和学习是很有好处的。

(3)谈话:为了保证旺盛的精力,人们用午睡来补足睡眠、恢复精力。那么,为什么要在中午睡觉呢?

讨论:

①夏季中午灼热的阳光对人有什么危害?

②夏季中午高温环境又会给人带来什么影响?

(4)小结:灼热的太阳会使人的皮肤受到伤害,高温的环境容易使人中暑,影响人的身体健康。因此,夏季午睡不仅能补充睡眠,还能让人避开灼热的阳光,烫人的空气,保证人的身体健康。所以人们常说:"夏季午睡好"。

(三)明辨是非,学会午睡

1.看一段课前拍摄的学生午睡录像:

一次午睡课的时候,何某某等几位同学没睡着,有的睁着眼睛趴在位置上,有的一会儿把脸朝左,一会儿把脸朝右,有的手伸进课桌内摸着。尽管他们没有说话,可还是不断地发出一些细小的声音,弄得旁边的同学睡不好觉。

(1)讨论:午睡的时候只要不吵闹,可以坐在位置上不午睡吗?

(2)小结:午睡的时候,尽管有人不吵闹,可是他们坐在教室里总会发出一些细小的声音。这样不仅他们自己得不到休息,更重要的是还会影响旁边的同学、老师睡觉,对大家都不利。

2.学会午睡,养成习惯。

(1)提问:你有夏季午睡的习惯吗?

(2)讨论:不午睡对身体和学习会有什么影响?

(3)小结:不午睡会影响下午的学习,因为大脑经过长时间的活动后,需要用休息来加以调整。香甜的午睡可以给我们充足的精力,这对自己和别人都非常重要。老师相信,大家一定会做得更好!

3.念儿歌《夏季午睡好处多》。

4.学生表演小品,再讨论:

(1)你知道为什么会出现这样的情况?

(2)小结:午睡时间不要太长,最多不能超过一小时。午睡还有很多讲究,只有合理的午睡方法才能达到最好的效果。

5.交流午睡小常识:怎样午睡更科学?

(四)活动巩固和延伸

1.为了使全班师生在午睡时间休息好,共同讨论制定班级午睡制度,全班师生必须共同遵守。

2.在夏季,回家要做到每天中午睡上半个小时;与家长联系,随时注意培养学生午睡的良好习惯。

六、设计意图

活动前,班主任老师通过对全班同学的午睡情况进行问卷调查,可以掌握第一手材料,活动开展才能有的放矢,更有针对性。

教师结合以往存在的有的学生不午睡影响学习的现象,再现实际情景,引入话题讨论。

在班级管理和思想教育工作中教师要从思想、行动上认真落实"一切为了孩子"的方针,严格班级管理,抓紧"养成教育",不但要使学生学会学习,更要让他们"学会做人,学会生活"。

通过引导学生在活动中紧密联系生活实际提高科学、思想认识,在解决问题的过程中明白道理,达成班级活动的目标要求。

在小学教育中,我们面对的是一群淘气而可爱的孩子,他们活泼、善动,往往会做出令人烦恼的事。这时,如果教师一味地加以批评或责怪,不但得不到良好的教育效果,还会引起学生的逆反对抗心理。反过来,如果我们老师能善于针对孩子的问题设计活动,因势利导展开教育,一定会取得不错的教育效果。

班有班规,通过共同讨论制定班级午睡制度,更有利于对学生进行监督管理。另外,家庭在学生的养成教育中,往往起到一个桥梁的作用。家长都在以各自的方式关心着自己的孩子,这个时候让他们参与教育,可以引导家长把关心的着力点放在最适当的地方,这对提高整体的教育质量是很有必要的。

附:

关于小学生午睡的调查

班级:　　　　　　姓名:

1. 同学,你喜欢午睡吗?

A. 喜欢　　　　　　B. 不喜欢　　　　　　C. 无所谓

2. 你认为午睡多长时间比较好?

A. 30 分钟左右　　　B. 1 小时左右　　　　C. 2 小时左右

3. 你喜欢在什么环境中午睡?

A. 安静的环境　　　B. 任何环境　　　　　C. 其他

4. 你一般在什么时间段午睡?

A. 中午 12 点左右　　B. 下午 1 点左右　　　C. 其他

5. 你认为午睡有必要吗?

A. 有　　　　　　　　B. 没有　　　　　　　C. 无所谓

6. 每天午睡你都睡着了吗？

A. 是　　　　　　　　B. 偶尔　　　　　　　C. 从来没有

7. 午睡后,你的学习效率有提高吗？

A. 有　　　　　　　　B. 没有　　　　　　　C. 不确定

8. 你认为午睡应该注意些什么？

9. 你对学校的午睡制度有何看法、意见？

附儿歌：

夏季午睡好处多

夏天天气热，

热得淌大汗。

昼长夜短,睡眠不足,

浑身无力实难熬。

怎么办？

快,快,好好睡一觉。

恢复体力,消除疲劳,

保你精神好。

下午活动有劲头,

学习轻松效率高，

夏季午睡真正好！

附：

午睡小常识

1. 睡前不吃油腻食物，不吃得太饱。饭后不宜马上午睡，最好休息一会或慢步 10 分钟再睡，这样更利于食物消化和入睡。

2. 忌午睡时间越长越好。午睡时间以半小时至一小时为宜，睡多了由于进入深睡眠，醒来后会感到很不舒服。

3. 尽量不要伏台、仰卧、手部垫头睡，最好睡向右侧。

4. 不要在"穿堂风"或电扇下睡，否则易受凉。天气变化时，应盖上衣服和薄被。

5. 醒后轻度活动。午睡后要慢慢站起，再喝一杯水，以补充血容量，稀释血液黏稠度。不要马上从事复杂和危险的工作，因初醒时常使人产生恍惚感。

6. 午睡习惯要持之以恒，忌断断续续，因为午睡不规则也会搅乱生理时钟，影响晚觉的规律。

活动四：未来汽车的展销会

【活动的背景】

创新是民族的灵魂，是国家兴旺发达的强大动力，创新能力的培养，则是素质教育的重要核心。创新能力的培养离不开想象，想象是创造的基础和源泉，没有想象，就没有创造。因此，要培养学生的创新能力，首先就要培养学生的想象力。

一天，在学生的一篇日记中，教师看到了这么一段话：因为堵车我们迟到了,如果堵车的时候,我们的汽车能飞起来该有多好啊!汽车飞起来?教师灵机一动,决定让学生们发挥想象,设计未来的汽车。

课堂上的气氛比想象中的还要火热。学生们都兴奋不已,纷纷提出自己的创意,连平时最不爱说话的几个人,也都高高地举起了自己的手!他们的大脑简直可以用"神奇"二字来形容!他们的想象真的很丰富,让我们这些大人都自愧不如!他们设计的汽车真是千奇百怪,有的能上天、下海、入地;有的晴天用太阳能驱动;有的雨天把溅落到车身的雨水分解成氢和氧,用氢和氧驱动;有的能自动驾驶。

课堂教学是口语交际能力培养的主渠道,但这还很不够。实际上,语言的实践,需要通过大量的课外实践,即社会实践来学习,在实践中不断提高。因此,除了要重视通过课堂教学加强口语交际训练外,我们还需引导、组织学生在社会交往中实践,开展各种社会交往实践活动,组织学生去参加社会实践活动。因为会受各个方面条件的限制,我们可以在校内开展模拟的社会活动,可以利用语文活动课、课余活动时间,组织一些模拟社会的交际活动。未来汽车设计好了,就干脆开个展销会卖出去吧。因此,开个未来汽车展销会的初步设想在教师的脑海里就形成了。

【小组的活动】

一、激发兴趣、明确目标

教师给学生念了段日记:

在今天上学的路上,因为堵车我迟到了。

我想,如果堵车的时候,我家的汽车能飞起来该有多好啊!

师(启发):同学们,你们有没有想过汽车也能飞起来?我们一起展开想象的翅膀,来设计未来的汽车,好不好?

学生异常兴奋,都纷纷说好!

二、自由组合、分组设计

学生自由组合,分组设计未来汽车。除了要全面详细地介绍未来汽车的功能外,教师不向学生提出其他的任何要求,以免限制学生的思维空间。学生发挥自己的想象力开始设计,并利用课余时间和各种材料、工具将汽车模型制作出来。小组设计出未来的汽车后,推荐一位同学执笔,将本组设计的汽车功能、特色等记录下来。

三、班级交流、不断改进

各小组派代表分别介绍本组的未来汽车,评选出最优秀的作品。交流后,各小组对自己的作品进行改进。

四、布置任务、准备展销

教师布置任务:同学们,未来的汽车你们已经设计好了,我们来开个模拟展销会,把你们的汽车推销出去吧。展销会怎么开呢?需要进行哪些前期的准备工作呢?

对此,学生们分组展开了讨论。通过讨论,他们得出了如下结论:

(1)成立自己小组的公司,为公司取名字。

(2)根据各自的优点进行合理分工,确定董事长、经理、推销员、礼仪人员等职位的人选。

(3)制作本公司汽车产品的广告(电视、广播、宣传单、海报等多种形式)。

①布置本公司的展台;

②给公司的产品确定合理的价位。

五、邀请嘉宾、推销汽车

各公司派工作人员邀请家长、教师,以及其他班的学生来参加未来的汽车展销会,然后使出各自的经销策略向客户推销产品,和客户签订购买协议之后,就是推销成功了。

购买协议

价格 _____

同意购买

客户签名 _____

六、总结评比

展销会结束后,教师和学生一起总结活动过程中的经验、教训,然后,比一比哪一家公司的销售业绩最好。

【活动的反思】

这个活动设计,首先是让学生充分发挥他们超常的想象力,小组合作设计未来的汽车,然后通过模拟展销会现场,邀请家长作为客户,并创设情境,让学生在真实的氛围里快速地实现自身的角色转换。他们中的人,有的是董事长,有的是销售经理,有的是公关经理……他们不仅设计广告语,还学会讨价还价,制作公司的宣传资料,都满怀热情地投入学习活动中去了。当他们邀请的客户和他们签订了购买合同之时,他们都兴奋无比——就好像他们真的推销出去了一辆真正的汽车那样。这样的模拟活动,必然对学生口语交际能力的提高有很大的帮助,也为他们将来走向社会进行真正的交际活动打下良好的基础。

活动五:你对荔枝知多少

【活动的背景】

1.白芒小学位于深圳市的南山区西丽镇,周围群山环绕,绿树成荫,毗邻西丽果场。学校有学生近 500 人,分为 12 个教学班,90%以上的学生是流动人口,主要来源于周围的种养家庭,他们都家住菜地、荔枝林附近,对荔枝十分熟悉,但是缺乏系统的研究调查。为了让学生更加全面地了解荔枝,培养学生的科学态度,教师根据学生的兴趣爱好、社区特点,因地制宜地结合学生的家庭背景,充分挖掘利用社区资源优势,组织学生开展课题研究。

2.选题设想:学校附近的岭南水果已有一百多年的历史,尤其是荔枝树,真的是抬头可望。很多学生的家就在荔枝园里,对荔枝知识有些了解,因此就指导学生从认识荔枝的品种开始,先让学生说说自己果园里种的荔枝品种有多少,再让学生说说自己认识哪些荔枝品种。学生说得起劲之时,自然就对主题产生了浓厚兴趣。借此,教师引导学生设计问卷,进行调查访问,根据其兴趣分为6个小组,荔枝的生长概述、品种介绍、苗圃培育、管理技术、病虫害的防治、采收与加工等几大块进行分工调查访问,利用几大块之间的联系,把荔枝的知识连成一体,使学生对荔枝的知识有个比较系统和全面的了解。

【小组的活动】

根据我校所处的地理位置、学生的家庭背景以及学生的经济条件等问题,本次活动采取集中在校网络调查、图书馆书籍查找、校外观察走访的形式来探究。让学生根据自己兴趣自由组合成6个小组,六大主题进行综合实践学习。调查整理后在班里做汇报。

1.根据自己的兴趣自由组合成6个小组,有目的、有计划地对荔枝的生长概况、品种介绍、苗圃培育与荔枝园建设、管理技术、病虫害的防治、荔枝的采收、保鲜与加工六个主题进行实践学习。

2.活动的具体安排:

(1)每个学生根据自己小组的主题,课前各自出些想知道的问题,然后以小组为单位进行汇总,设计出一份调查问卷。

（2）各个小组根据教师所给的有关资料,进行查找自己所要的资料、数据。

（3）课后,根据自己设计的方向去学校图书室进行资料和数据的查找。

（4）根据自己设计的问卷,各个小组去访问家长、荔枝管理员。

3.调查总表的设计和填写。

教师对设计调查表的提示:活动的目的,活动小组名称,小组成员的名字,调查汇报的内容、感想。同时,要激发学生开动脑筋自己设计项目。

4.分组汇报阶段:

根据自己的兴趣,学生自由组合成 6 个小组,有目的、有计划地对荔枝的生长概况、品种介绍、苗圃培育与荔枝园建设、管理技术、病虫害的防治、荔枝的采收、保鲜与加工六个主题进行综合实践学习,经过调查整理将学习结果在班里汇报。

5.活动小组的名称:

班级和活动小组名称		活动调查研究的内容
四年(1)班	四年(2)班	
神笔天才	画出彩虹	荔枝的生长概况
神算家	神算家	荔枝品种介绍
音乐之星	歌舞之旅	荔枝苗的培育与荔枝园建设
文学天才	超级文学社	荔枝的管理技术
梦幻科技	IQ博士	荔枝病虫害的防治
电脑小王子	疯狂电脑	荔枝的采收、保鲜与加工

【活动反思】

通过本次的"荔枝知多少"的主题活动,培养了学生认知、意志、情感、能力等各方面的能力。让学生懂得了荔枝的一些知识,懂得了如何去获得自己想要的知识、有关的信息。学会了用幻灯片来制作汇报表。通过对自己家荔枝的生长过程进行观察、记录,以及有关调查访问,让同学体会爸爸妈妈的辛苦之处,明白了果实得来不易的道理,尤其是在意志方面也得到了磨炼。根据自己的爱好进行分组,同学们自己组织调查活动,培养了合作、交际、创新、观察的能力。

活动六:有关纸的秘密

【活动的背景】

伴随着经济的发展,社会的用纸量在不断增加。纸是学生使用最频繁的用品之一。目前,人们还没有找到一种能完全代替纸张的新型书写材料。造纸要砍伐树木,纸张的使用量的增加,树木等植物的砍伐也相应地增加,砍伐树木必然会破坏环境,引起一系列的环境恶化问题。

通过开展"有关纸的秘密"活动主题,让学生走出学校,进行实地调查、访问、参观,考察生产纸张给环境造成的不良影响;调查家庭用纸的情况,关注身边的社会现象、生活和环保;注意纸张的正确使用,节约社会公共资源。

【小组的活动】

一、联系实际并引出问题

在综合实践活动过程中,经过讨论,大家都明白了:生活的周围有很多的事情,只要我们细心留意就会发现,很多都是有研究价值的。第一次的综合实践课,经过讨论决定:研究我们学习过程中使用的纸,它究竟有什么秘密呢?最后,确定了把"有关纸的秘密"作为活动的主题。

二、学生讨论和研究问题

1.当纸碰到水和油的时候会怎样？

2.纸真的怕火烧吗？

3.人们为何要使用面巾纸,而不用其他东西？

4.为何有些纸具有很好的吸水性,有一些纸却不容易吸水？

5.防近视的纸有什么秘密(材料、色彩、用途等)？

6.纸为什么会发光呢？

7.纸张真的怕虫害吗？

8.哪些纸可以撕,哪些纸却不行,为什么？

9.纸是谁发明的？

10.纸的历史条件,纸的未来发展。

11.纸是怎样制成的？造纸对环境有何影响？

12.再生纸是怎样制造的？再生纸和普通纸有什么不同？

13.造纸产生的废水是如何处理的？造纸产生的污水能种植植物吗？

三、小组组建

学生们各自根据自己的兴趣爱好选择所喜欢的研究内容,自由组成活动小组,分别是:纸的秘密小组、纸浆纸品小组、再生纸小组、家庭用纸调查小组、环保之星小组。每个小组都民主选定了组长,由组长负责安排组员的任务。

1.制订本小组的计划

每个小组都按照要求,制订了本小组的活动计划(如下表):

时间：　　　　　　小组：　　　　　　调查人：

调查对象		调查地点	
调查方式		备　注	
调查内容			

2.根据计划本小组展开调查

小组成员分工后,在组长的带领下进行调查。

(1)纸的秘密小组

纸的秘密小组,学生要根据自己的计划展开活动,有的做实验,了解纸的吸水性以及纸的耐火性;有的上网查阅资料,了解纸发明历史和经过;有的查阅图书资料,了解有的纸为何能够预防近视。

(2)纸浆纸品小组

纸浆纸品小组的学生利用课外时间,进入超市采访并拍摄照片,认真地查阅有关的资料,并通过上网等手段,通过两周的调查,知道了纸浆的分类。按原料进行分类:①木浆;②草浆;③ 棉浆;④ 苇浆;⑤竹浆;⑥麻浆;⑦废纸浆。如按制浆方法进行分类,又可以分成不同的种类。此外,他们还查阅到了制造纸浆、纸张的过程。

(3)再生纸小组

带着这个问题,大家通过上网、查阅文献资料等方法,了解到了再生纸的制作方法,制作过程;经过自己动手做实验,加深了对再生纸的认识,同时也知道了制作再生纸是对废纸的回收和循环利用,但其制造的过程会对环境造成影响。

(4)家庭用纸调查小组

小组的学生充分利用家庭的条件,统计好每个家庭成员的用纸情况,做好记录。

(5)环保之星组

利用课余时间,学生们在教师的指导下,通过上网和到图书馆查阅资料,了解到了制造纸的原材料是木材,纸的生产是以牺牲森林为代价的,要保护环境,应该从身边的小事做起,注意节约用纸。学生们还发现,有的造纸厂排放出很多的废水、废气没有经过任何的处理就直接排放了,对地方的大气和水源造成了严重污染。参观之后,大家把这个问题带回到班里讨论了一番,一致认为:关心环保要从身边的小事做起,应该注意节约用纸,建议大家一张纸两面使用,还对学校的办公用纸提出了建议,以班级的名义给全校的学生写了封有关节约用纸的倡议书。

四、交流调查的信息

1.在整理资料时,学生要注意资料来源,按照作者、题目、期刊名、页码等要素分别记录。

2.各小组长把本小组的调查资料集中后,填写本组的调查信息统计表。

【活动反思】

本课题以关于纸的秘密为主题,通过一系列学生的自主探究活动,切入到了当今世界的热点——环保问题,本课题具有现实意义。

调查过程中,学生们去工厂参观访问,学到了与他人沟通交流的方式和技巧,提高了社交能力。此外,大家的合作意识、收集、分析、处理、应用信息的能力、发现和分析问题的能力、解决问题的能力,以及社会责任感和使命感,都有了一定的提高。